Cineplex
Workbook

Cineplex
Workbook

Jeanne Schueller
Reinhard Zachau
Carrie Collenberg-Gonzalez

Focus Publishing
Newburyport

Cineplex Workbook

© 2014 Jeanne Schueller, Reinhard Zachau, Carrie Collenberg-Gonzalez

Focus Publishing/R Pullins Company
PO Box 369
Newburyport, MA 01950
www.pullins.com

ISBN: 978-1-58510-418-5

Library of Congress CIP information is available.

Printed in the United States of America

10 9 8 7 6 5 4 3 2 1

0114BB

Contents

B. Wer ist wie? Match the characters to the descriptions.

1. _____ Wer isst gern Süßigkeiten?

2. _____ Wer ist ein mutiges Mädchen?

3. _____ Wer denkt, dass er reich ist?

4. _____ Wer macht das Leben der Räuber bunt?

5. _____ Wer ist der schlaue Räuber?

6. _____ Wer ist eine böse Person?

a. Tiffany
b. Malente
c. Gregory
d. die Tante

C. Verben mit ver-. Match the German definition to the verbs with the prefix ver-.

1. _____ verdienen 2. _____ vermissen

3. _____ verpassen 4. _____ verstecken

5. _____ verstehen

   a. sich/jemanden/etwas an einen Ort bringen, wo es/man nicht gesehen wird

   b. Geld für eine Tätigkeit erhalten

   c. bedauern, dass jemand oder etwas fehlt (nicht da ist)

   d. die Bedeutung von etwas begreifen

   e. ein Ziel nicht treffen; ein Ereignis nicht miterleben

6. _____ verabschieden 7. _____ vergleichen

8. _____ verlachen 9. _____ versammeln

10. _____ verschonen

   f. keinen Schaden zufügen; nichts Übles tun

   g. zusammenkommen

   h. sich über jmd. lustig machen

   i. etwas, was man sagt oder macht, wenn man sich von einer Person entfernt

   j. zwei oder mehrere Dinge auf Gemeinsamkeiten und Unterschiede prüfen

11. _____ verbringen 12. _____ vergessen

13. _____ versichern 14. _____ versuchen

15. _____ verwarnen

   k. jemandem mit Überzeugung/entschieden sagen, dass etwas wahr und sicher ist

   l. etwas probieren

   m. sich für eine bestimmte Zeitdauer aufhalten

   n. jemandem Konsequenzen androhen

   o. aus dem Gedächtnis verlieren; nicht mehr an jemanden/etwas denken

D. Was passiert? Fill in the blanks with the appropriate conjugated verbs in the box.

1. Tiffany muss sich von ihren Eltern _____.
2. Die Räuber _____ Tiffanys Kutsche zu überfallen.
3. Tiffany _____ kein Gold in ihrem Koffer.
4. Tiffany _____ zwei Nächte in der Räuberhöhle.
5. Die Räuber _____ nicht, dass Tiffany ein Waisenkind ist.
6. Tiffany geht weg und _____ ihre Puppe in der Räuberhöhle.
7. Malente sagt, dass die Räuber Tiffany _____.
8. Am Schluss bekommt die böse Tante, was sie _____.

> verabschieden
> verbringt
> verdient
> vergisst
> vermissen
> versteckt
> verstehen
> versuchen

GRAMMAR EXERCISES

I. ZUM FILM: DIE ERSTE NACHT

A. Pronouns. Choose the appropriate pronoun to replace the underlined noun.

1. Pimpernella sitzt neben <u>Tiffany</u>. → Pimpernella sitzt neben _____.
   a. sie   b. ihr   c. ihm

2. Tiffany legt <u>einen Arm</u> um Pimpernella. → Tiffany legt _____ um Pimpernella.
   a. er   b. sie   c. ihn

3. Pimpernella macht ihr <u>Kleid</u> schmutzig. → Pimpernella macht _____ schmutzig.
   a. sie   b. es   c. ihn

4. Tiffany hilft <u>Pimpernella</u>. → Tiffany hilft _____.
   a. ihnen   b. ihr   c. sie

5. <u>Tiffany</u> hilft Pimpernella. → _____ hilft Pimpernella.
   a. Sie   b. Es   c. Er

6. Tiffany hat <u>ein Buch</u> dabei. → Tiffany hat _____ dabei.
   a. er   b. es   c. sie

7. Tiffany braucht <u>ihre Puppe</u>. → Tiffany braucht _____.
   a. ihr   b. ihn   c. sie

8. Tiffany passt auf <u>Pimpernella</u> auf. → Tiffany passt auf _____ auf.
   a. sie   b. mich   c. Sie

B. Word order. Choose the phrase with the correct word order.

1. Tiffany geht ins Waisenhaus, weil _____
   a. ihre Eltern sind gestorben.   b. ihre Eltern gestorben sind.

4. Warum gehen Gregory und Nicholas zurück zum Waisenhaus?

   a. Sie haben ihre Puppe vergessen.
   b. Sie haben Hunger und wollen eklige Rübenmatsche essen.
   c. Sie wollen nicht alleine im Wald sein.

5. Warum hat Malente Angst vor der Tante?

   a. Er ist auch Waisenkind und ist in dem Waisenhaus aufgewachsen.
   b. Sie ist eine böse Räuberin, die Kutschen überfällt.
   c. Er hat keine Angst vor der wunderlichen Tante.

6. Wie überzeugen Flinn und Donnerjakob ihren Bruder Malente, dass er Tiffany helfen muss?

   a. Sie drohen ihm mit dem Beil.
   b. Sie sagen ihm, dass sie zusammen gehen werden.
   c. Sie versuchen ihn, mit Süßigkeiten anzulocken (*to lure*).

7. Am Ende hat die Tante Angst vor

   a. dem Gendarm.
   b. Tiffany.
   c. den drei Räubern.

D. General comprehension. Read the statements a   and mark whether the statements are R (richtig) or F (falsch).

1. _____ Tiffany ist traurig, weil sie sich von ihren El   hieden muss.

2. _____ Die Fahrt in der Kutsche ist sehr bequem.

3. _____ Tiffany hat ihre Puppe Pimpernella dabei.

4. _____ Die drei Räuber haben eine Pistole, eine Kanone und   Beil

5. _____ Tiffany will den Räubern nicht helfen, den Erpresserbrie   ch eiben.

6. _____ Tiffany übernachtet eine Woche bei den Räubern.

7. _____ Die Räuber sind überrascht herauszufinden, dass Tiffany ein   nkind ist.

8. _____ Tiffany begegnet zwei anderen Waisenkindern im Wald.

9. _____ Tiffany geht zusammen mit den Räubern zum Waisenhaus.

10. _____ Am Ende freuen sich alle Kinder, dass die böse Tante tot ist.

Chapter 2

Jenseits der Stille

I. ZUM FILM: DIE MENSCHEN IN LARAS LEBEN

A. Verwandte. Insert the proper word from the box to explain the relationships in Lara's family.

> der Bruder • die (Ehe)frau • der (Ehe)mann • die Eltern • die Enkelin • die Geschwister
> die Großeltern • der Großvater • die Kusine • ledig • die Mutter • die Nichte
> die Oma • der Onkel • scheiden • die Schwester • der Sohn • die Tante • die Tochter
> der Vetter • der Vater • verheiratet

- Clarissa ist Gregors _____.
- Clarissa ist Maries und Laras _____.
- Clarissa und Gregor lassen sich _____.
- Clarissa und Martin sind _____.
- Gregor ist Clarissas _____.
- Gregor ist Maries _____.
- Kai ist Laras _____.
- Kai und Martin sind Laras und Maries _____.
- Kai und Martin sind _____.
- Lara ist Clarissas _____.
- Lara ist Kais _____..
- Lara ist _____, aber sie hat einen Freund.
- Lilli ist Laras _____.
- Marie ist Laras _____.
- Marie ist Lillis _____.
- Martin ist Clarissas _____.
- Martin ist Laras _____.
- Martin ist Roberts _____.
- Robert ist Laras _____.
- Robert und Lilli sind Laras _____.

B. Laras Familie. Fill in the blanks wiith the words in the box.

> dolmetschen einschloss fördern Schlittschuh schwanger
> sympatischem taubstumme vereisten verlasst verspricht wütend

Wir sehen die achtjährige Lara und ihre Tante Clarissa auf einem _____ See _____ fahren. Zu Hause muss Lara zwischen der Oma und den _____ Eltern (Kai und Martin) am Telefon _____, sowie mit der Lehrerin in der Schule und dem Berater bei der Bank. Laras _____ Mutter _____ Lara, das Fahrradfahren zu lernen, wenn das neue Baby da ist. Der Musiklehrer in der Schule versucht Laras Talent zu _____. Nachdem Marie geboren ist, erzählt der Vater von einem Konzert mit Clarissa, wo der Großvater ihn aus dem Wohnzimmer zog und in seinem Kinderzimmer _____, da er über das Konzert gelacht hatte. Martin wird _____, als er erfährt, dass Clarissa Lara eingeladen hat, den Sommer bei ihr und Laras _____ Onkel Gregor in Berlin zu verbringen. Martin schüttet Wein in Clarissas Gesicht und _____ den Raum.

C. Wer ist das? Match the names of the characters with the descriptions.

> Clarissa • Kai • Lara • Marie • Tom

1. _____ wurde von ihrem Vater am Klavier begleitet, während sie Klarinette spielte.
2. _____ wollte als Kind singen können.
3. _____ lässt sich die Haare abschneiden.
4. _____ fährt bald in die USA.
5. _____ hat einen jüngeren Bruder.
6. _____ hat eine ältere Schwester.
7. _____ arbeitet mit Kindern.
8. _____ will Musikerin werden.
9. _____s Eltern und Schwester können seine Sprache nicht.
10. _____ hat Probleme in der Ehe.

D. Laras Geschichte. Choose the word that fits best in the dialog.

1. Als ich klein war, habe ich fest _____, dass alle Menschen wenn sie groß sind singen können.
   a. geglaubt   b. gesaugt   c. getaugt   d. geklaut

2. An seinem 15. Geburtstag hat er das gesamte _____ vom Kaffeetisch geschmissen.
   a. China   b. Kaffee   c. Porzellan   d. Kuchen

3. Bald ist Frühlingsanfang ... der Schnee wird _____.
   a. schmelzen   b. schneien   c. kommen   d. bleiben

4. Bei den Amis ist das schon längst anerkannt als _____ Sprache.
   a. deutsche   b. vollwertige   c. gute   d. billige

5. Clarissa, du hast so _____. Du bist schön und stark und machst wunderbare Musik.
   a. wenig   b. besser   c. viel   d. gut

6. Du klingst wie ein _____, der durchs Wasser schlabbert. Du! Du schlürfst!
   a. Fisch   b. Hund   c. Katze   d. Pferd

7. Du sollst verdammt noch mal _____, was ich dir sage!
   a. überspringen   b. überraschen   c. übernehmen   d. übersetzen

8. Du _____ doch bloß nicht, dass ich Klarinette kann. Ich hasse dich!
   a. kannst   b. sollst   c. musst   d. willst

9. Ich halt' die Stille nicht mehr aus in diesem Haus, die _____, die du machst, wenn du Zeitung liest, wenn du isst, wenn du dir die Zähne putzt.
   a. Musik   b. Geräusche   c. Kaffee   d. Toilette

10. Ja, Flaggen machen ein Geräusch! Sie _____ wie Glocken.
    a. springen   b. zwingen   c. klingen   d. ringen

11. Manchmal wünschte ich, du wärst auch _____. Dann wärst du ganz in meiner Welt.
    a. dumm   b. lahm   c. taub   d. blind

12. Sie hätte nie Rad fahren lernen sollen. Das war ein _____. Sie hatte Probleme mit dem Gleichgewicht.
    a. Fehler   b. Fahrrad   c. Traktor   d. Auto

13. Was soll ich? Die Musik stört dich. Du willst _____ Musik in deinem Haus!
    a. viel   b. mehr   c. ohne   d. keine

14. Das Traurigste im Leben sind _____ und der Abschied.
    a. Trennungen   b. Partys   c. Überraschungen   d. Musik

E. Verwandte Wörter. Based on your knowledge of related words, guess the English translation of the words in the chart below.

> belief divorce explanation future gratitude
> hearing help interpreter marriage mother music
> narrative story possible recommendation separation

Vocabulary Words and Their Translations	Related Words	Translations of Related Words
dolmetschen *to interpret*	der Dolmetscher	
hören *to hear*	das Gehör	
die Zukunft *future*	zukünftig	
die Möglichkeit *possibility*	möglich	
musikalisch *musical*	die Musik	
heiraten *to marry*	die Heirat	
mütterlicherseits *on the mother's side*	die Mutter	
(sich) scheiden lassen *to divorce*	die Scheidung	
(sich) trennen *to separate*	die Trennung	
danken *to thank*	der Dank	
empfehlen *to recommend*	die Empfehlung	
erklären *to explain*	die Erklärung	
erzählen *to tell*	die Erzählung	
glauben *to believe*	der Glaube	
helfen *to help*	die Hilfe	

A. Lara. Choose the word that fits best in the dialog.

1. Bald sind Sommerferien. Dann muss ich ja nicht mehr früher aus dem _____.
   a. Klasse   b. Schule   c. Unterricht   d. Musik

2. Bettina meint, dass vielleicht unsere Eltern gar nicht wirklich _____ sind.
   a. gut   b. taub   c. laut   d. dumm

3. Es ist schwer, hier einen _____ Dolmetscher zu finden.
   a. guten   b. schlimmen   c. schönen   d. dummen

4. Geh doch wieder dudeln auf deiner doofen _____!
   a. Radio   b. Saxophon   c. Klavier   d. Klarinette

5. Ihre Tochter ist wirklich ein _____ Talent.
   a. außerirdisches   b. außerordentliches   c. außergalaktisches   d. außerweltliches

6. Lara kann _____ versetzt werden, wenn sie nicht besser wird im Lesen und Schreiben.
   a. ummöglich   b. bestimmt   c. auf jeden Fall   d. sicher

7. Mein Lesen wird langsam _____, aber es ist noch nicht ganz perfekt.
   a. schlechter   b. besser   c. größer   d. kleiner

8. Sie sind eine _____ Lehrerin. Lara mag Sie sehr.
   a. schlechte   b. langweilige   c. wunderbare   d. verrückte

B. Alles klar? Read the statements about the film and write an R (richtig) or an F (falsch) in the blanks.

1. _____ Laras Eltern haben einen Termin mit Frau Mertens.
2. _____ Lara hat Probleme in der Schule.
3. _____ Lara übersetzt genau das, was ihre Eltern gebärden.
4. _____ Frau Mertens möchte nicht, dass Lara früh aus dem Unterricht geht.
5. _____ Bald sind Winterferien.
6. _____ Kai und Martin mögen Frau Mertens nicht.
7. _____ Laras Mutter schenkt Frau Mertens Schokolade.
8. _____ Herr Gärtner, Laras Musiklehrer, kommt ins Klassenzimmer.
9. _____ Für den Elternabend reserviert er ihnen zwei Karten in der letzten Reihe.
10. _____ Lara meint, dass sie alles Wort für Wort übersetzt hat.

A. In Berlin. Fill in the correct words from the list.

> Abreise   Aufnahmeprüfung   beobachten   besuchen   erfährt
> Fahrradunfall   Gehörlosenschule   meldet   verbringen

In Berlin lernt Lara Tom kennen, der als Lehrer an einer _____ arbeitet. Lara _____ von Gregor, dass ihre Mutter einen _____ hatte. Ihr Vater kritisiert, dass die Mutter nie hätte Rad fahren sollen. Vor seiner _____ zur Gallaudet School in Washington, D.C. _____ Lara und Tom eine Nacht zusammen. Während Lara in Gregors Wohnung in Berlin ist, _____ sich Laras kleine Schwester Marie und sagt, dass sie ganz alleine mit dem Zug nach Berlin gefahren ist. Clarissa fährt Marie die 500 km wieder nach Hause und bittet Martin, Lara in Berlin zu _____. Während Lara die _____ in der Musikhochschule macht, _____ Martin Lara zum ersten Mal beim Spielen.

B. Wichtiger Wortschatz. Please select the proper word for the blanks.

1. Lara spielt ein _____ mit ihrer Tante in einem Restaurant in Berlin.
   a. Solo   b. Duett   c. Walzer   d. Ballett

2. Clarissa findet die Stücke, die Lara spielt, zu _____.
   a. melancholisch   b. teuer   c. viel   d. klein

3. Tom bringt die _____ der Musik seinen Schülern bei.
   a. Musik   b. Singen   c. Schwingungen   d. Klarinette

4. Tom gebärdet den Songtext zum _____ von Gloria Gaynor „I Will Survive".
   a. Gedicht   b. Bild   c. Geschichte   d. Lied

5. Lara hört zum ersten Mal _____ auf einem Konzert.
   a. Jazzmusik   b. Klezmermusik   c. Rockmusik   d. klassische Musik

6. Lara spielt ihre Musik für die Kommission bei der _____.
   a. Aufnahmeprüfung   b. Konzert   c. Film   d. Theaterstück

C. Musikinstrumente. Match the musical instruments with their description.

> die Flöte   die Geige   die Gitarre   die Harfe   die Klarinette   das Klavier
> das Saxophon   das Schlagzeug   die Trompete   die Ziehharmonika

1. _____: Ein Instrument, das beim Jazz oft verwendet wird; wurde nach dem belgischen Instrumentenbauer A. Sax benannt.

2. _____: Ein Musikinstrument mit 88 Tasten.

3. _____: Ein anderer Name für dieses Instrument ist Violine.

10. Martin hört **seiner Tochter** beim Klarinettespielen zu. Martin hört ... beim Klarinettespielen zu.
   a. _____der_____ (die Schülerin)
   b. _____seiner_____ (seine Schwester)
   c. _____dem_____ (der Student)
   d. _____dem_____ (der Musiker)

GRAMMAR EXERCISES

II. ZUM FILM: KOMMUNIKATION

A. Dative Pronouns. Change the underlined indirect objects to the appropriate dative pronoun.

1. Lara glaubt ihrer <u>Tante Clarissa</u>. _____ihr_____
2. Der Bankberater dankt <u>ihren Eltern</u>. _____sie_____
3. Lara antwortet <u>ihrem Vater</u> nicht. _____ihm_____
4. Warum folgt Lara <u>dem Mann</u>? _____ihm_____
5. Was <u>dieser Familie</u> passiert ist, ist traurig. _____diesem_____
6. Sie hilft <u>ihren Eltern</u> mit dem Dolmetschen. _____sie_____
7. Lara gehört <u>ihrem Vater</u> nicht. _____ihm_____
8. Lara gratuliert <u>ihrer Tante</u> zum Geburtstag. _____ihr_____
9. Diese Farbe steht <u>ihrer Schwester</u> nicht. _____ihr_____
10. Das Kleid passt <u>ihrer Schwester</u> auch nicht! _____ihr_____

B. Dative Prepositions. Fill in the blanks with the appropriate dative preposition.

1. Lara fährt im Sommer ___zu___ ihrer Tante und ihrem Onkel.
   a. bei   b. nach   c. von   (d.) zu
2. ___Zu___ ihnen kann sie jeden Tag Klarinette spielen.
   a. An   b. Bei   (c.) Zu   d. Ab
3. Clarissa hilft ihr ___mit___ der Musik.
   a. von   b. über   (c.) mit   d. in
4. Lara bringt nicht viel außer ihrer Klarinette ___mit___.
   (a.) mit   b. in   c. außer   d. unter
5. Eines Tages lernt Lara Tom kennen. Er war ___mit___ einer Schülerin, Johanna.
   a. ohne   b. vor   c. hinter   (d.) mit
6. Lara geht ___mit___ Tom ins Kino.
   a. bei   (b.) mit   c. außer   d. neben

7. ___Vor___ dem Film essen sie Schnitzel im Park.
   (a.) Vor   b. Bei   c. Hinter   d. Von

8. Lara hat sehr viel Spaß ___mit___ ihm.
   (a.) mit   b. neben   c. vor   d. außer

9. Lara hat ihre Mutter ___in___ einigen Monaten nicht gesehen.
   (a.) in   b. bei   c. seit   d. unter

10. Lara hatte Karten für ein Konzert ___von___ ihrer Mutter als Geschenk bekommen.
    a. bei   b. zu   c. vor   (d.) von

11. Lara will nicht mehr ___bei___ ihrem Vater wohnen.
    (a.) bei   b. vor   c. außer   d. seit

12. Gregor wohnt nicht mehr ___bei___ Clarissa.
    a. von   b. seit   c. mit   (d.) bei

13. Marie fährt alleine ___mit___ dem Zug nach Berlin.
    a. bei   (b.) mit   c. ohne   d. neben

14. Clarissa muss Marie ___mit___ dem Auto nach Hause fahren.
    a. über   b. unter   c. hinter   (d.) mit

15. Martin erscheint ___in___ der Aufnahmeprüfung.
    (a.) in   b. bei   c. mit   d. ohne

16. Lara spricht ___neben___ ihm in der Gebärdensprache.
    a. mit   b. bei   c. über   (d.) neben

17. Martin hört die Musik nicht, aber er spürt sie ___mit___ seinen Händen.
    a. ohne   b. bei   (c.) mit   d. in

C. **Word Order.** Choose the sentence with the correct placement of the word shown.

1. noch
   a. Ich wollte Marie noch eine Geschichte vorlesen!
   b. Ich wollte Marie eine Geschichte vorlesen noch!

2. doch
   a. Ihre Tochter ist doch ein außerordentliches Talent.
   b. Ihre Tocher ist ein außerordentliches Talent doch.

3. bald
   a. Clarissa hat Geburtstag bald.
   b. Clarissa hat bald Geburtstag.

4. alle
   a. Großvater will uns zum Essen alle einladen.
   b. Großvater will uns alle zum Essen einladen.

5. immer

    a. Er kippt mir immer Rotwein ins Gesicht!
    b. Immer er kippt mir Rotwein ins Gesicht!

6. nur

    a. Clarissa will mich für nur die Aufnahmeprüfung anmelden.
    b. Clarissa will mich nur für die Aufnahmeprüfung anmelden.

GRAMMAR EXERCISES

III. ZUM FILM: DIE MUSIK

A. Lara, als Kind. Insert the correct dative nouns or pronouns in the blanks.

1. Oma will mit ___dir___ sprechen.
   a. du   (b.) dir   c. dich

2. Bald sind Sommerferien. Dann muss ich nicht mehr früher aus _dem Unterricht_
   a. der Unterricht   (b.) dem Unterricht   c. des Unterrichts

3. Das habe ich von einem Freund, der unterrichtet an _einem Gymnasium_
   a. ein Gymnasium   b. eines Gymnasiums   (c.) einem Gymnasium

4. Und jetzt kommt die Lara Bischoff aus _der Klasse 3C_.
   a. die Klasse 3C   b. den Klassen 3C   (c.) der Klasse 3C

5. Ich war was trinken mit _meinen Freundinnen_
   (a.) meinen Freundinnen   b. meine Freundinnen   c. meiner Freundinnen

6. Bettina schläft heute bei ___uns___.
   a. wir   (b.) uns   d. sie

7. Warum reden eigentlich alle Eltern immer nur von _____?
   a. die Schulaufgaben   (b.) der Schulaufgaben   c. den Schulaufgaben

8. Du kommst den Sommer über zu _____.
   a. mich   b. wir   (c.) uns

9. Irgendetwas muss sie mit _____ machen.
   (a.) ihr Talent   b. ihrem Talent   c. ihres Talents

10. Die Studenten kommen aus _____.
    (a.) der ganzen Welt   b. die ganze Welt

11. Du glaubst doch selber nicht, dass Papa von _____ Geld nimmt.
    (a.) dir   b. du   c. dich

12. Was macht die Arbeit mit _____?
    a. die Kinder   b. den Kindern   (c.) der Kinder

13. Naja, im Sommer hat sie dann genug zu tun, wenn Lara bei _____ wohnt.
    a. uns   b. ihn   c. dich

14. Wie bitte? Lara zieht zu _____?
    a. euch   b. wir   c. du

15. Hey, gehst du morgen mit _____ ins Kino?
    a. mir   b. mich   c. ich

16. Man muss vorsichtig sein mit _____.
    a. die Träume   b. der Träume   c. den Träumen

17. Deine Mutter hatte gestern Abend einen Unfall mit _____.
    a. das Fahrrad   b. die Fahrräder   c. dem Fahrrad

18. Lara. Komm mal her zu _____.
    a. mich   b. mir   c. dich

19. Hey! Was ist denn mit _____?
    a. dich   b. mich   c. dir

20. Die Wohnung hat ein Freund von _____ vermietet für das Semester.
    a. mich   b. mir   c. dich

21. Er sagt, er kriegt Zahnschmerzen von _____.
    a. meine Musik   b. meiner Musik

22. Nach 12 Jahren mit _____ kann ich bei jedem Krach schlafen.
    a. deiner Tante   b. deine Tante   c. deine Tanten

23. Ja, was ist es genau, was du von _____ willst, Clarissa?
    a. ich   b. mich   c. mir

24. Deine ganzen privaten Probleme lenken dich nur von _____ ab.
    a. deine Musik   b. deiner Musik

25. Dafür fährst du 500 km mit _____?
    a. der Zug   b. dem Zug   c. die Züge

26. Mach's gut, Marie. Grüß Martin von _____.
    a. mich   b. dich   c. mir

27. Nein, es geht ihr nicht gut. Sie vermisst dich. Komm, ich bring dich zu _____.
    a. mich   b. sie   c. ihr

A. People. Match the names of the characters with the descriptions.

> Clarissa • Gregor • Kai • Lara • Lilli • Marie • Martin • Robert • Tom

1. _____ Er spielt Klavier, lebt in Mainburg und hat zwei Enkelkinder.
2. _____ Sie ist eine ältere Frau mit weißen Haaren.
3. _____ Sie versucht Fahrrad fahren zu lernen.
4. _____ Er arbeitet in einer Zeitungsdruckerei und ist taub.
5. _____ Sie hat musikalisches Talent.
6. _____ Sie macht Spaß mit ihrer Mutter.
7. _____ Er wohnt getrennt von seiner Frau in Berlin.
8. _____ Sie spielt Klarinette und geht gern in Clubs.
9. _____ Er plant, in die USA zu fahren, wo er studieren wird.

B. Was stimmt? Read the statements about the film and write a R (richtig) or an F (falsch) in the blanks.

1. _____ Tom kann die Gebärdensprache, weil er gehörlos ist.
2. _____ Clarissa und Gregor verstehen sich nicht.
3. _____ Der Großvater ist sehr verständnisvoll.
4. _____ Laras Eltern helfen ihr, nach Berlin zu ziehen.
5. _____ Lara und Tom gehen zusammen nach Washington.
6. _____ Lara hat Probleme in der Schule, als sie ein Kind war.
7. _____ Lara will wie Clarissa sein.
8. _____ Lara will nicht auf die Musikhochschule in Berlin.
9. _____ Lara und ihr Vater haben oft Streit mit einander.
10. _____ Lara meint, ihr Vater versteht ihre Musik nicht, weil er taub ist.
11. _____ Martin versteht sich gut mit seiner Schwester Clarissa.
12. _____ Lara will lieber Saxophon spielen.
13. _____ Laras Mutter kann sehr gut Fahrrad fahren.
14. _____ Am ersten Tag in Berlin lernt Lara Tom kennen.

C. Wer sagt das im Film? Match the characters with the film quotes.

Lara • Marie • Oma • Clarissa • Tom

a. _____ Du sprichst diese Zaubersprache als wäre es ein Kinderspiel.

b. _____ Die Ärzte haben gesagt, dass es ein Fehler ist und dass die Zeichensprache vom Sprechen lernen abhält.

c. _____ Warum kannst du so gut Gebärdensprache?

d. _____ Ich gehe für ein Semester nach Washington an die Gallaudet-Schule,

e. _____ Hey! Seit wann kann Clarissa unsere Sprache?

II. ZUM FILM: DIE KRAFT DER GEMEINSCHAFT: DIE WELLE BAUT SICH AUF

A. Dafür oder dagegen? Fill in the blanks with the best words.

> Dresscode   fascho-mäßig   Gemeinschaft   Gruppe
> Individualität   Stress   teuer   Unterschiede

Argumente für Schuluniformen

1. Uniformen eliminieren soziale _____.

2. Mit Uniformen gehört man zu einer _____

3. Mit Uniformen hat man morgens weniger _____.

4. Durch Uniformen erkennt man eine _____.

5. Uniformen sind eine Art _____

Argumente gegen Schuluniformen

6. Uniformen sind total _____.

7. Uniformen eliminieren die _____.

8. Uniformen können _____ sein.

B. Wie sagt man? Fill in the blanks with the word that fits best.

1. etwas zur Verfügung _____

2. Rad _____

3. ein Theaterstück _____

4. einen Zweck _____

5. während der Projektwoche Schuluniformen _____

6. ein gutes Beispiel _____

7. etwas davon _____

8. so eine _____

9. auf dem Hintern sitzen _____

10. Macht durch _____

> Art
> bleiben
> einführen
> erfüllen
> fahren
> halten
> Handeln
> nennen
> proben
> stellen

C. Eine Art Schuluniform. Fill in the blanks with the best word from the box.

> anziehen eingeführt erfüllen erkennen erklärst
> geblieben gehörst kannst leisten stehst

1. Wir waren doch bei Gemeinschaft stehen _____.

2. Wodurch kann man Gemeinschaft _____?

3. Trägst du nicht auch so 'ne Art Uniform? Du _____ damit auch zu einer Gruppe, oder nicht?

4. Ja, aber Uniformen _____ ja einen anderen Zweck.

5. Mona, _____ du bitte auf?

6. Lisa, _____ du das doch noch mal genauer?

7. Na ja, ich meine, wir alle stressen uns jeden Morgen damit, was wir _____ sollen.

8. Ich hab gehört in Hamburg wird darüber diskutiert, ob wieder Schuluniformen _____ werden sollen.

9. Ja klar, aber die müsste billig sein. Damit sie sich jeder _____ kann.

10. Marco, das _____ du uns auch erzählen.

VOCABULARY EXERCISES

III. ZUM FILM: ZU SPÄT UM ZURÜCKZUKEHREN: DIE WELLE ÜBERSCHWEMMT

A. Verbs. Match the verbs with their English definitions.

1. _____ behandeln
2. _____ beitreten
3. _____ sich entwickeln
4. _____ gehören
5. _____ hinausschießen
6. _____ sich in etwas reinsteigern
7. _____ sich überlegen
8. _____ verlieren

a. to belong
b. to develop; evolve
c. to join
d. to lose
e. to think over
f. to treat
g. to obsess about something
h. to overshoot

B. Prefixes. Match the separable or inseparable prefix with the verb stem.

> aus   be   durch   er   ent   ent   nach   platt   über   ver

1. _____letzen (*to injure*)
2. _____denken (*to reflect*)
3. _____machen (*to demolish*)
4. _____lügen (*to tell a lie*)
5. _____schuldigen (*to excuse*)
6. _____schließen (*to exclude*)
7. _____haupten (*to behead*)
8. _____rollen (*to roll over; defeat*)
9. _____drehen (*to go crazy*)
10. _____hängen (*to hang*)

C. Prefixes. Fill in the blanks with the separable or inseparable prefix that fits best. Use the chart to help you with the meanings of the prefixes.

Common Separable Prefixes		Common Inseparable Prefixes
ab- (from)	mit- (along; with; co-)	be- (like English be-)
an- (at; to)	nach- (after; re-)	emp- (sense; receive)
auf- (on; out; up, un)	vor- (before; forward; pre-)	ent- (away from; like Eng. de-; dis-)
aus- (out; from)	weg- (away; off)	er- (fatal; dead)
bei- (along; with)	zu- (shut; close; towards)	ver- (bad; awry)
durch- (through)	zurück- (back; re-)	zer- (collapse; shatter; shred)
ein- (in; into; inward)	zusammen- (together)	

Separable Prefixes	Inseparable Prefixes
____denken (*to come up with something*) ____denken (*to think something through*) ____denken (*to reflect*)	____denken (*to bear something in mind*)
____finden (*to come to terms with something*) ____finden (*to find out*) ____finden (*to come across something*)	____finden (*to deem something*) ____finden (*to feel or sense something*) ____finden (*to discover*)
____kommen (*to deviate*) ____kommen (*to arrive*) ____kommen (*to get along*)	____kommen (*to receive*) ____kommen (*to get away*)
____nehmen (*to assume*) ____nehmen (*to record*) ____nehmen (*to gain*)	____nehmen (*to act*) ____nehmen (*to take away*)
____ziehen (*to put on*) ____ziehen (*to take off*)	____ziehen (*to relate to*) ____ziehen (*to detract*)

B. Compound Nouns. Match the parts of each compound noun to form words.

> - blatt   - haus   - halle   - pistole   - spiel   - tunnel

1. der Fußgänger_____
2. die Gas_____
3. die Schwimm_____
4. das Flug_____
5. das Wasserball_____
6. das Rat_____

C. Adjectives. Match the adjectives with their English definitions.

> agitated   anxious, worried   calm   dazed, confused   enraged   enthusiastic
> excited, nervous   glad   happy   happy, cheerful   hopeful   joyful
> miserable   relieved   sad   saddened   secure   stunned   tragic   unsure

1. ___ aufgeregt
2. ___ besorgt
3. ___ begeistert
4. ___ betrübt
5. ___ erleichtert
6. ___ erregt
7. ___ freudig
8. ___ froh
9. ___ fröhlich
10. ___ geborgen
11. ___ glücklich
12. ___ hoffnungsvoll
13. ___ jämmerlich
14. ___ ruhig
15. ___ tragisch
16. ___ traurig
17. ___ unsicher
18. ___ verblüfft
19. ___ verwirrt
20. ___ wütend

VOCABULARY EXERCISES

IV. ZUM FILM: AUSSER KONTROLLE GERATEN: DIE WELLE BRICHT

A. Meinungsäußerungen. Fill in the blanks with the best words from the list

1. Rainer ist der Lehrer. _____ ist die Welle zu weit gegangen.
2. Marco ist auch _____, dass eine Diktatur entstanden ist.
3. Dennis _____ nicht, dass die Welle einfach so vorbei ist.
4. Tim ist fest _____, dass die Welle nicht vorbei ist.
5. Dennis ist _____, dass sie es alle gespürt haben.
6. Rainer _____, dass es viel zum Nachdenken gibt.

> davon überzeugt
> der Meinung
> glaubt
> Seiner Meinung nach
> sicher
> weiß

Chapter 5

Almanya - Willkommen in Deutschland

I. ZUM FILM: FREMDE LÄNDER

A. People, Places, and Things. Match the words with their German definitions.

1. ____ Ort, Gegend oder Land, wo jemand aufgewachsen ist
2. ____ die Wanderung von Menschen oder Volksgruppen
3. ____ Angehöriger eines Staates
4. ____ Dokument, das für Auslandsreisen erforderlich ist
5. ____ Angehörige des deutschen Volkes; aus Deutschland stammende Person
6. ____ eindeutige Unterscheidbarkeit einer Person von einer anderen
7. ____ Person, die zu einer Familie gehört
8. ____ Land, in das Menschen einwandern
9. ____ jemand, der in der unmittelbarer Nähe von jemandem wohnt
10. ____ Angehörige des türkischen Volkes; aus der Türkei stammende Person
11. ____ Sprache, die ein Mensch als Kind erlernt
12. ____ dominante oder zentrale Kultur (Sprache, Sitten und Gebräuche, Werte)
13. ____ eine frühere Generation einer Familie

a. der/die Deutsche
b. der Türke/die Türkin
c. der Staatsbürger
d. die Verwandten
e. die Vorfahren
f. die Nachbarn
g. die Heimat
h. das Einwanderungsland
i. die Identität
j. die Migration
k. die Muttersprache
l. der Pass
m. die Leitkultur

B. Zum Film. Fill in the blanks using words from the previous exercise.

1. Der Opa und die Oma kommen aus der Türkei. Die Türkei ist ihre _____.
2. Die junge Yilmaz Familie findet ihre deutschen _____ seltsam.
3. Die Familie muss sich an die _____ in Deutschland gewöhnen (*to get used to*).
4. Fatma und Hüseyin werden deutsche _____.
5. Deutsch ist die _____ von Gabi, Alis Frau.
6. Gabi ist eine _____.
7. Cenk und Canan sind Kusinen. Das heißt, dass sie _____ sind.

8. Cenk hat Fragen über seine _____. Wer ist er? Woher kommt er? Was ist er?

9. Canan erzählt ihm die Geschichte von seinen _____.

10. Alle brauchen einen _____, um von Deutschland in die Türkei zu reisen.

C. Verben. Match the verbs with their English definitions.

1.	___ bewahren	a.	to return or remigrate
2.	___ sich integrieren	b.	to remember or recall
3.	___ verdienen	c.	to tell or narrate
4.	___ erzählen	d.	to assimilate or blend in
5.	___ sich erinnern	e.	to dream
6.	___ zurückkehren	f.	to originate, descend, or come from
7.	___ träumen	g.	to preserve or save
8.	___ gründen	h.	to found or establish
9.	___ verlassen	i.	to earn or deserve
10.	___ stammen	j.	to leave or abandon

D. Im Kontext. Fill in the blanks using the verbs in the present tense from the previous exercise. Be sure to conjugate them if necessary.

Die Familie Yilmaz _____ aus der Türkei. Hüseyin Yilmaz _____ seine Heimat und wandert nach Deutschland ein. Er _____ nicht _____, obwohl er seine Familie sehr vermisst. Endlich kommen seine Frau und Kinder auch nach Deutschland. Sie _____ ein neues Leben und _____ sich so gut wie möglich. Es ist schwer, ihre eigene Kultur und Sprache in Deutschland zu _____. Hüseyin _____ nicht viel Geld aber er spart viel und sie sind glücklich. Aber Hüseyin _____ davon, eines Tages ein Haus in der Türkei zu besitzen. Er _____ sich an die alten Zeiten in der Türkei und vermisst seine Heimat. Viele Jahre später plant er eine Reise in die Türkei, um das Haus, das er dort gekauft hat, zu renovieren. Kurz vor der Reise fängt Canan an, ihrem Cousin Cenk die Geschichte seiner Familie zu _____. Es wird eine lange Geschichte sein!

E. Adjektive. Which adjective fits each sentence best? Fill in the blanks.

abhängig   deutsche   fremd   schwanger   türkisches   verschiedenen

1. Hüseyin findet Deutschland ziemlich seltsam. Das neue Land ist ihm sehr _____.

2. Die Gastarbeiter sind nicht alle aus der Türkei. Sie sind aus _____ Ländern.

3. Fatma erwartet ein Baby. Sie ist _____.

4. Fatma verlässt sich auf ihre Kinder, weil sie besser Deutsch können. Sie ist von ihnen _____.

5. Fatma vermisst viele Sachen aus ihrer Heimat, z.B. sie vermisst _____ Essen.

6. Endlich gewöhnt sie sich an das neue _____ Essen und auch die Toiletten!

A. Compound Nouns. Combine the parts to make compound nouns.

1.	Staats_____	a.	-fahrer
2.	Leit_____	b.	-ratte
3.	Schnurr_____	c.	-frau
4.	Fernseh_____	d.	-angehörigkeit
5.	Spazier_____	e.	-paar
6.	Müll_____	f.	-sendung
7.	Taxi_____	g.	-bart
8.	Ehe_____	h.	-kultur
9.	Schweine_____	i.	-gang
10.	Riesen_____	j.	-fleisch

B. Was passt? Match the verbs with the nouns or noun phrases that fit best.

1.	___ keine Ahnung	a.	sehen
2.	___ eine Müllfrau	b.	aussehen
3.	___ eine Fernsehsendung	c.	werden
4.	___ mit einem Hund	d.	beantragen
5.	___ einen Schnurrbart	e.	haben
6.	___ die Staatsangehörigkeit	f.	spazierengehen
7.	___ eine Leitkultur	g.	wachsen lassen
8.	___ wie eine Riesenratte	h.	übernehmen

C. Die Qual der Wahl. Choose the word that fits best.

1. Die meisten Menschen haben viele _____ über fremde Länder und Menschen.
   a. Mitglieder   b. Verspätungen   c. Stereotypen

2. Nach der _____ in einem fremden Land sieht alles anders aus.
   a. Ankunft   b. Pflicht   c. Staatsangehörigkeit

3. „Tatort" ist seit Jahren eine sehr beliebte _____ in Deutschland.
   a. Fernseher   b. Fernsehsendung   c. Radiosendung

4. _____ bedeutet, wenn Kinder in die erste Klasse kommen.
   a. Einschulen   b. Beantragen   c. Übernehmen

5. Manchmal haben Züge und Flüge _____.
   a. Ahnungen   b. Seile   c. Verspätungen

6. Etwas nicht wissen bedeutet, dass man _____ hat.
   a. Verspätung   b. keine Ahnung   c. eine Pflicht

7. Im Film will Leyla _____ werden.
   a. Taxifahrer   b. Müllfrau   c. Beamter

8. Muhamed hat Angst, dass die Hunde (Riesenratten!) sie _____ würden.
   a. aufressen   b. beantragen   c. einschulen

9. Leyla findet es lustig, dass die deutschen Männer keine _____ haben.
   a. Hunde   b. Ahnung   c. Schnurrbärte

10. Dass alle Deutschen Urlaub auf Mallora machen, nennt man einen _____.
    a. Leitkultur   b. Regisseur   c. Stereotyp

VOCABULARY EXERCISES

III. ZUM FILM: INTEGRATION

A. Prefixes. Choose the appropriate prefix for each of the verbs. When you are done, fill in the chart in order to match the infinitives with the correct meaning of the verbs.

> aus- be- (2x) ver- (2x) zurück- (3x)

1. _____schließen
2. _____kehren
3. _____packen
4. _____schalten

5. _____führen
6. _____ändern
7. _____drehen
8. _____tragen

Verb infinitives	Meaning
1.	to turn back
2.	to lead back
3.	to return; reimigrate
4.	to decide; conclude
5.	to add up to
6.	to wrap or pack
7.	to change
8.	to turn off

B. **Geschafft!** Fill in the blanks with the correct word from the box.

> Baum dürfen Geschenke geschmückt Glocke
> läuten verpacken Weihnachten zumachen

Die Familie Yilmaz feiert zum ersten Mal _____. Die Kinder freuen sich auf die _____, die sie bekommen werden. Sie Mutter soll die Geschenke zuerst _____, bevor sie sie um den _____ legt, den sie schon _____ haben. Natürlich _____ die Kinder die Geschenke noch nicht sehen! Sie müssen ihre Augen _____ und die Mutter muss mit der _____ _____. Das erste Weihnachten werden sie nie vergessen!

C. **Definitions.** Match the words with their English definitions.

1. ____ der Urlaub   a. cheapskate
2. ____ die Wurzel   b. bottle
3. ____ die Kleinigkeit   c. coins
4. ____ die Flasche   d. nonsense
5. ____ der Kasten   e. influence
6. ____ der Geizhals   f. power failure
7. ____ die Münzen   g. mustache
8. ____ der Stromausfall   h. root
9. ____ der Unsinn   i. vacation
10. ____ der Schnauzbart   j. a little something
11. ____ der Einfluss   k. case or box

D. **True or False?** Mark whether the statements about the film are R (richtig) or F (falsch).

1. ____ Muhamed schenkt Emyra einen Kasten Coca-Cola.
2. ____ Emyra hätte lieber eine Flasche Cola als ein ferngesteuertes Auto.
3. ____ Muhamed nennt seinen Vater einen Geizhals.
4. ____ Hüseyin ärgert sich über den Stromausfall.
5. ____ Er meint, dass es Unsinn ist, dass der Strom ausgeschaltet wird.
6. ____ Leyla will, dass ihr Bruder seinen Schnauzbart abrasiert.
7. ____ Die Familie Yilmaz hat ihre Wurzeln in der Türkei.
8. ____ In der Türkei merkt sie, dass viele Sachen anders waren. Es waren Kleinigkeiten aber sie häuften sich.
9. ____ Das Leben in Deutschland hat keinen großen Einfluss auf die Familie.

E. Miscellany. Insert a word or phrase from the box to make logical sentences.

> a. echte   b. desto   c. zum ersten Mal   d. Münzen   e. dort drüben   f. umso   g. häufen   h. geizig

1. Die Familie Yilmaz feiert _____ Weihnachten in Deutschland.

2. _____ länger die Familie bleibt, _____ größer wird der Einfluss der neuen Kultur.

3. Muhamed schenkt Emyra _____ Coca-Cola aus Deutschland.

4. Emyra denkt, dass Muhamed _____ ist, weil er ihm kein ferngesteuertes Auto schenkt.

5. Emyra sagt: „Ihr habt _____ doch so viel Geld!"

6. Das Wort _____ bedeutet „mehr werden". Es ist mit dem eng. Wort „heap" verwandt.

7. _____ sind Geldstücke aus Metall.

VOCABULARY EXERCISES

IV. ZUM FILM: VERSTÄNDIGUNG UND VERSÖHNUNG

A. Antonyme. Find the antonym for each word.

1. _____ flüssig		a.	Zukunft
2. _____ schlimm		b.	nie
3. _____ immer		c.	geboren
4. _____ Vergangenheit		d.	sinken
5. _____ klug		e.	gut
6. _____ gestorben		f.	roh
7. _____ gekocht		g.	fest
8. _____ steigen		h.	dumm

B. Verwandte Wörter. Match the English cognates of these words from the previous exercise. Remember, a cognate is a related word whose meaning is not necessarily the same in both languages.

1. _____ Eis		a.	dampen
2. _____ egal		b.	do
3. _____ kochen		c.	starve
4. _____ Kanzler		d.	influence
5. _____ dampfen		e.	clever
6. _____ geboren		f.	cook
7. _____ sterben		g.	flux
8. _____ beeinflussen		h.	ice

9.	____ tun	i.	equal
10.	____ klug	j.	stair
11.	____ flüssig	k.	chancellor
12.	____ steigen	l.	born

C. More Related Words. Guess the English translation of the words in the box.

a. female chef   b. manipulable   c. deathly ill   d. outlook
e. gain   f. appealing   g. birth   h. reminiscent   i. emergent

Vocabulary Words and Their Translations	Related Words	Translations of Related Words
sterben (*to die*)	sterbenskrank	
geboren (*to be born*)	die Geburt	
werden (*to become*)	werdend	
kochen (*to cook*)	die Köchin	
aussehen (*to look or appear*)	die Aussicht	
einladen (*to invite*)	einladend	
beeinflussen (*to influence*)	beeinflussbar	
steigen (*to rise or increase*)	die Steigerung	
erinnern (*to remember or remind*)	erinnernd	

D. Nouns. Match the German definitions to the nouns.

1.	____ die Vergangenheit	a.	eine Person, die aus einem anderen Land kommt und in ein neues übersiedelt
2.	____ die Einladung	b.	Personen oder Gruppen werden zu einer kulturellen Einheit
3.	____ die Integration	c.	Regierungschefin
4.	____ die Zukunft	d.	eine Zeit, die noch kommt
5.	____ die Hoffnung	e.	das Leben eines Menschen; die Existenz
6.	____ der Einwanderer	f.	ein Zeitabschnitt, der zurückliegt
7.	____ die Kanzlerin	g.	eine positive Erwartung; ein Wunsch
8.	____ der Himmel	h.	gefrorenes Wasser
9.	____ das Dasein	i.	ein Angbot, etwas zu tun
10.	____ das Eis	j.	ein überirdischer Raum

E. Veränderungen. Match the English description of these changes to the German words.

1. ___ verdampfen
2. ___ kochen
3. ___ steigen
4. ___ schlimmer
5. ___ geboren
6. ___ gestorben
7. ___ werden
8. ___ beeinflussen

a. to be born
b. to evaporate and become steam
c. to change or grow
d. to become raised
e. to have an effect on; exert influence
f. to become worse
g. to cease to live
h. to go from raw to heated

GRAMMAR EXERCISES

I. ZUM FILM: FREMDE LÄNDER

A. Das kann ich! Conjugate the modal verbs.

1. Hüseyin _____ nach Deutschland auswandern, weil er dort mehr Geld verdienen _____. (wollen / können)

2. Er _____ Geld nach Hause schicken, damit seine Familie überleben _____. (müssen / können)

3. Hüseyin und Fatma _____, dass ihre Kinder ihre türkischen Wurzeln nicht vergessen. (wollen)

4. Die schwangere Fatma _____ nicht mit der Krankenschwester reden, weil sie kein Deutsch sprechen _____. (können / können)

5. Leyla _____ für sie übersetzen. (müssen)

6. _____ Muhamed so viel Coca-Cola trinken, wie er trinken _____? (dürfen / wollen)

7. Fatma sagt, dass sie und ihr Mann deutsche Staatsbürger werden _____. (sollen)

8. Hüseyin _____ eine Reise in die Türkei machen. (wollen)

9. Er _____ das Haus renovieren, das er dort gekauft hat. (wollen)

10. Leider _____ Ali das türkische Essen nicht gut vertragen! (können)

11. Cenk _____ wissen, ob er Deutscher oder Türke ist. (wollen)

12. Man _____ auch beides sein, meint Canan. (können)

13. Canan _____ ihm die Geschichte seiner Vorfahren erzählen. (können)

14. Einwanderer _____ sich integrieren aber ihre eigene Kultur auch bewahren. (sollen)

B. Das kann ich auch! Now give the simple past tense forms of the verbs from the previous exercise.

1. _____ / _____   8. _____
2. _____ / _____   9. _____
3. _____   10. _____
4. _____   11. _____
5. _____   12. _____
6. _____ / _____   13. _____
7. _____   14. _____

C. Adjectival Nouns. Indicate whether the underlined adjectival nouns are in the nominative (NOM), accusative (ACC), dative (DAT), or genitive (GEN) case.

1. Hüseyin kommt aus der Türkei. Er ist ein <u>Türke</u>.   _____
2. In Deutschland lernt er viele <u>Deutsche</u> kennen.   _____
3. Er findet die <u>Deutschen</u> ziemlich seltsam.   _____
4. Er erzählt seinen <u>Verwandten</u> zu Hause über sie.   _____
5. Muhameds Freund glaubt, sie sind jetzt die <u>Reichen</u>.   _____
6. Hüseyin arbeitet fleißig. Er ist unter den <u>Besten</u>.   _____
7. Canan bekommt das Baby ihres <u>Verlobten</u>.   _____
8. Am Anfang des Films war Fatma jung. Nun ist sie die <u>Alte</u>.   _____
9. Fatma war immer die <u>Geliebte</u> ihres Mannes.   _____

D. Was will Hüseyin? Choose the logical end of each sentence from the list below.

1. Hüseyin hat Lust nach Deutschland zu fahren, um _____
2. Er freut sich nicht, ohne _____
3. Er versucht, _____, damit er seiner Familie Geld schicken kann.
4. Er bemüht sich, _____
5. Er hat vor (*to plan*), _____

a. seine Familie zu sein.
b. sich an die neue Kultur zu gewöhnen.
c. ein Haus in der Türkei zu kaufen.
d. Geld zu verdienen.
e. fleißig zu arbeiten.

A. Warum? Match the questions to the appropriate answers.

1. Warum will Leyla eine Müllfrau werden?

2. Warum kann Fatma noch nicht Deutsch sprechen?

3. Warum soll Muhamed Emyra ein ferngesteuertes Auto mitbringen?

4. Warum muss Canan Cenk die Geschichte seiner Familie erzählen?

5. Warum dürfen Hunde nicht ohne Leine durch die Stadt laufen?

6. Warum sollen Fatma und Hüseyin „Tatort" sehen?

7. Warum müssen die Deutschen jeden zweiten Sommer auf Mallorca verbringen?

8. Warum soll ein Einwanderer sich an die neue Kultur gewöhnen?

_____ Weil es in Deutschland verboten ist!

_____ Weil es seine Pflicht ist.

_____ Weil es ihm Spaß machen würde.

_____ Damit er sich besser integrieren kann.

_____ Weill er vor kurzem nach Deutschland gekommen ist.

_____ Weil seine Familie reich ist!

_____ Weil es ein Stereotyp von Deutschen ist!

_____ Damit er sich nicht langweilt!

B. Wer ist das? Complete the endings for each adjectival noun.

1. Ein Beamt_____ arbeitet im Büro.

2. Die Deutsch_____ essen viel Schweinefleisch.

3. Fatma, Hüseyin und ihre Kinder sind in Deutschland die Fremd_____.

4. Fatma hat keine neuen Freunde und vermisst die Alt_____.

5. Sie versuchen das Best_____ aus der Situation zu machen.

6. Fatma hat keine Ahnung, ob sie das Richtig_____ macht.

7. Cenk freut sich, die Geschichte seiner Verwandt_____ zu hören.

8. Jetzt weiß er, dass er beides Türk_____ und Deutsch_____ sein kann.

C. Wie die Deutschen? Mark whether the statements about the film are R (richtig) or F (falsch).

1. _____ Herr und Frau Yilmaz sind verpflichtet, die deutsche Leitkultur zu übernehmen.

2. _____ Sie müssen versprechen, zweimal in der Woche Hamburger zu essen.

3. _____ Sie versprechen auch, Mitglied in einem Schützenverein zu werden.

4. _____ Jeden Sonntag sollen sie versuchen „Tatort" zu sehen.

5. _____ Sie müssen planen, jeden zweiten Sommer Urlaub auf Jamaika zu verbringen.

D. Wer ist wer? Which character is being described?

> Ali • Canan • Cenk • Fatma • Gabi • Hüseyin • Leyla • Muhamed • Veli

1. _____ Er hat keine Lust, im Flughafen zu warten.

2. _____ Er hat Probleme, echtes türkisches Essen zu vertragen.

3. _____ Sie glaubt fest daran, eines Tages Müllfrau zu werden.

4. _____ Es macht ihn traurig, weg von seiner Familie zu sein.

5. _____ Er träumt davon, mehrere Flaschen Coca-Cola zu trinken.

6. _____ Sie bemüht sich, das Haus sauber zu machen.

7. _____ Sie hat Angst, ihrer Mutter zu sagen, dass sie schwanger ist.

8. _____ Er findet es schwer, über seine Probleme mit seiner Frau zu reden.

9. _____ Es macht ihr meistens Spaß, mit einem Türken verheiratet zu sein.

GRAMMAR EXERCISES

III. ZUM FILM: INTEGRATION

A. Verb Tenses. Fill in the chart with the missing information.

1. ausschalten	schaltete aus	hat _____
2. _____	beschloss	hat beschlossen
3. betragen	_____	hat betragen
4. verändern	veränderte	hat _____
5. verpacken	_____	hat verpackt
6. _____	drehte zurück	hat zurückgedreht
7. zurückführen	_____	hat zurückgeführt
8. zurückkehren	kehrte zurück	ist _____

B. Questions! Answer the questions about the verbs.

1. How many verbs are separable?
   a. two   b. three   c. four

2. Which prefixes are inseparable in these verbs?
   a. aus/be   b. be/ver   c. aus/zurück

3. How many verb participles end in –t?
   a. four   b. five   c. six

4. If the the participle ends in –t, that indicates that the verb is ___.
   a. regular   b. irregular

5. How are separable verbs written in the simple past tense?
   a. together   b. apart

6. How many of the irregular verbs have a stem-vowel change in the simple past?
   a. none   b. both

7. Do verbs that are inseparable have a ge- in their participle?
   a. no   b. yes

8. Do verbs that are separable have a ge- in their participle?
   a. no   b. yes

C. Eine schöne Bescherung. Fill in the blanks with the more appropriate modal verb. Be sure to conjugate it.

1. Man _____ den Baum schmücken. (müssen / wollen)

2. Die Eltern _____ die Geschenke verpacken. (dürfen / sollen)

3. Die Kinder _____ viele Geschenke bekommen. (müssen / wollen)

4. Sie _____ die Geschenke nicht sehen, bis sie verpackt werden. (wollen / dürfen)

5. Kinder _____ kaum warten, bis Weihnachten kommt! (dürfen / können)

6. Man _____ sich für die Geschenke bedanken. (können / sollen)

D. Sätze bilden. Rearrange the words to form zu + infinitive clauses.

1. Hüseyin beschließt, _____.
   in der Türkei / zu / seinen Urlaub / verbringen

2. Er braucht Hilfe, _____.
   zu / das Haus / renovieren / neue

3. Er überzeugt die ganze Familie, _____.
   ihm / mit / kommen / zu

4. Fatma versucht, _____.
   mitzubringen / Geschenke / viele

5. Canan erzählt Cenk eine Geschichte, _____.
   ihn / um / abzulenken (*to distract*)

6. Alle freuen sich, _____.
   in der Türkei / anzukommen / endlich

GRAMMAR EXERCISES

VI. ZUM FILM: VERSTÄNDIGUNG UND VERSÖHNUNG

A. More Verb Tenses. Fill in the chart with the missing information.

1.	sterben	_____	ist gestorben
2.	gebären	gebar	ist _____
3.	_____	erinnerte	hat erinnert
4.	werden	_____	ist geworden
5.	verdampfen	_____	hat/ist verdampft
6.	steigen	stieg	ist _____
7.	aussehen	sah aus	hat _____
8.	geschehen	_____	ist geschehen
9.	tun	_____	hat getan
10.	_____	beeinflusste	hat beeinflusst

B. More Questions! Answer the questions about the verbs.

1. How many verbs are separable?
   a. one   b. two   c. three

2. Which prefixes are inseparable among these verbs?
   a. aus / ver   b. ver / be   c. aus / be

3. How many verb participles end in –t?
   a. three   b. five   c. seven

4. How many of the irregular verbs have a stem-vowel change in the simple past?
   a. none   b. all

5. Which irregular verb has a stem-vowel change and takes an –e ending in the past tense?
   a. sterben   b. tun   c. werden

C. Mixed Up Modals. Make grammatically correct sentences by rearranging the words and conjugating the modals in the tense indicated. Each sentence should start with the subject.

1. _____.

   neue / das Haus / renovieren / wollte (simple past)

2. _____.

   halten / die Rede / Cenk / kann (present)

3. _____.

   trösten (*to comfort*) / seinen Sohn / Ali / muss (present)

4. _____.

   müssen (simple past) / mit / reden / Canan / ihrer Mutter

5. _____.

   denken / können (present) / an Hüseyin / nur / die ganze Familie

D. Zum Inhalt. Match the end of the sentence to its logical beginning.

1. Hüseyin überredet die Familie, ___
2. Die Familie fliegt in die Türkei, ___
3. Fatma versucht, ___
4. Alle sind überrascht, ___
5. Cenk findet es nicht so schlimm, ___
6. Canan ist erleichtert (*relieved*), ___
7. Es ist traurig, ___
8. Muhamed hat Pläne, ___
9. Cenk hat keine Angst, ___
10. Ali und Gabi sind stolz, ___

a. eine Rede vor der Bundeskanzlerin zu halten.

b. über den Tod seines Opas zu sprechen.

c. ohne Hüseyin zurück nach Deutschland zu fahren.

d. viele Geschenke für Verwandten und Freunde mitzubringen.

e. ihrer Mutter von dem Baby zu erzählen.

f. das neue Haus zu renovieren.

g. ihren Sohn bei seiner Rede zu hören.

h. den Urlaub in der Türkei zu verbringen.

i. statt mit dem Auto zu fahren.

j. von dem Brief von der Bundeskanzlerin zu hören.

GENERAL COMPREHENSION

A. People. Match the names of the characters with the descriptions.

1. _____ Er ist der Jüngste in der Familie.
2. _____ Sie ist die Mutter von Cenk.
3. _____ Er ist der Mann von Gabi und der Vater von Cenk.
4. _____ Sie ist die Frau von Hüseyin.
5. _____ Er war der 1.000.001. Gastarbeiter, der nach Deutschland kommt.
6. _____ Er ist der älteste Sohn von Fatma und Hüseyin.
7. _____ Er hat Träume über Jesus Christus und Coca-Cola.
8. _____ Sie ist die schwangere Tochter von Leyla.
9. _____ Sie ist die Mutter von Canan.

B. **Richtig oder falsch?** Read the statements about the film and write a R (richtig) or an F (falsch) in the blanks.

1. _____ Cenk weiß nicht, ob er Deutscher oder Türke ist.

2. _____ Leyla wollte immer Müllfrau werden.

3. _____ Muhamed träumt von Coca-Cola.

4. _____ Am Anfang findet Fatma die Toiletten in Deutschland sehr komisch.

5. _____ Ali ist in der Türkei geboren.

6. _____ Hüseyin und Fatma werden deutsche Staatsbürger.

7. _____ Muhamed sagt, dass Emyra geizig ist.

8. _____ Hüseyin will seinen Schnurrbart nicht abrasieren.

9. _____ Veli wollte nicht im gleichen Bett mit seinem Bruder schlafen.

10. _____ Es ist ein Stereotyp von Deutschen, dass sie viel Schweinefleisch essen.

C. **Chronology.** Read the sentences and number them according to which one happened first (1-8).

_____ Die Kinder von Fatma und Hüseyin werden Erwachsene. Veli ist unglücklich in seiner Ehe geworden. Leyla hat eine Tochter, die einen festen Freund hat. Ali heiratet Gabi und sie bekommen ein Kind.

_____ Cenk hält eine Rede vor der Bundeskanzlerin. Er hat mit seinem Opa geübt; deswegen weiß er, was sein Opa sagen wollte. Er erzählt, wie sein Opa vor 45 Jahren nach Deutschland gekommen ist, und dass er dort glücklich war.

_____ Muhamed beschließt, in der Türkei zu bleiben. Er will das Haus renovieren, das sein Vater gekauft hat. Er hofft auf ein besseres Leben in der Türkei, der Heimat, die ihm fremd geworden ist.

_____ Hüseyin verlässt seine Heimat und wandert nach Deutschland ein, um nach einem besseren Leben zu suchen. Er vermisst seine Frau und Kinder. Er spart sein Geld, bis er zurückgehen kann, um sie zu holen.

_____ Die Familie Yilmaz feiert zum ersten Mal Weihnachten. Sie schmücken den Weihnachtsbaum, verpacken Geschenke und läuten die Glocke. Die Kinder freuen sich sehr auf ihr erstes Weihnachten. Die Mutter versucht alles richtig zu machen.

_____ Hüseyin stirbt und wird in der Türkei begraben.

_____ Hüseyin überredet die ganze Familie ihren Urlaub in der Türkei zu verbringen, um sein neues „altes" Haus zu renovieren. Sie fliegen dorthin, wo sie einen Kleinbus mieten (*to rent*). Ali verträgt das Essen nicht. Canan ist verzweifelt, weil sie Angst hat, ihrer Mutter zu erzählen, dass sie schwanger ist. Hüseyin weiß schon, dass Canan ein Kind bekommt.

_____ Fatma, Veli, Muhamed und Leyla fliegen nach Deutschland, um dort ein neues Leben anzufangen. Die Menschen und die Sprache sind ihnen fremd, aber sie versuchen sich zu integrieren und sich an die neue Kultur zu gewöhnen.

Chapter 6

Lola rennt

I. ZUM FILM: DIE ERSTE RUNDE

A. Was ist logisch? Choose the word that most logically fits the statement.

> bedrohen Grenze (f) geben Telefonzelle (f) heiraten
> U-Bahn (f) verlassen Penner (m) verlieren pünktlich

1. _____ Wenn man kein Handy hat, kann man hier telefonieren.
2. _____ Jemand, der kein Zuhause hat.
3. _____ Ach, nein! Ich kann meine Schlüssel (keys) nicht finden.
4. _____ Hier, ich habe etwas für dich!
5. _____ Das ist ein unterirdisches öffentliches Verkehrsmittel.
6. _____ Es ist höflich, prompt zu sein.
7. _____ Man braucht einen Reisepass, um ins Ausland zu gehen.
8. _____ Tun Sie das, was ich sage, sonst passiert etwas Schlimmes!
9. _____ Nach der Hochzeit ist man „Ehefrau" und „Ehemann".
10. _____ Das Haus brennt! Wir müssen raus aus dem Haus!

B. Zum Film. Use the same words to answer the questions about the film. Conjugate the verbs if necessary.

1. Manni wartet lange auf Lola. Alles war _____ außer Lola.
2. Weil sie nicht kommt, fährt er ohne sie zur _____.
3. Manni muss mit der _____ fahren.
4. In der U-Bahn sieht er einen _____.
5. Die Polizei kommt und Manni _____ automatisch die U-Bahn.
6. Manni _____ die Tasche mit dem Geld.
7. Von einer _____ ruft er Lola an.
8. Lola rennt zu ihrem Vater. Er hat vor, seine Familie zu _____.
9. Er will eine andere Frau _____.
10. Lola _____ ihrem Vater mit einer Waffe. Sie braucht Geld!

C. Was passt? Choose the verb that fits best.

1. _____ Ich hab' die Nase voll! Ich kann nicht mehr!   a. abschließen
2. _____ Eine bestimmte Zeit währen   b. zielen
3. _____ Mit lauter Stimme ansprechen   c. satt haben
4. _____ Etwas vereinbaren (*to arrange*)   d. sterben
5. _____ Etwas, oft eine Waffe, auf etwas srichten   e. dauern
6. _____ Das Leben verlieren; zu Tode kommen   f. anschreien

D. Was passiert? Fill in the blanks with the verbs from the previous exercise. Be sure to conjugate them if necessary.

1. Eine Lebensversicherung muss man _____.
2. Lolas Vater soll sie nicht _____. Er soll ihr einfach glauben.
3. Es _____ zu lang, die ganze Geschichte zu erklären.
4. Lolas Vater _____ es einfach _____ zu Hause und will weg.
5. Wenn Lola Manni nicht hilft, dann wird er _____.
6. Der Wachmann im Supermarkt _____ seine Waffe auf Manni.

E. Related Words. Guess the English translation of the words in the box.

> a. purposeful   b. the marriage proposal   c. loseable   d. deathbed   e. the threat
> f. enduring   g. shouting at   h. the abandonment   i. lockable

Vocabulary Words and Their Definitions	Related Words	Translations of Related Words
bedrohen (*to threaten*)	die Bedrohung	
heiraten (*to marry*)	der Heiratsanstrag	
verlassen (*to leave*)	die Verlassenheit	
verlieren (*to lose*)	verlierbar	
abschließen (*to arrange or buy; to lock*)	abschließbar	
zielen (*to aim*)	zielbewusst	
sterben (*to die*)	das Sterbebett	
dauern (*to last or take*)	dauerhaft	
anschreien (*to shout or yell at*)	anschreiend	

II. ZUM FILM: DIE ZWEITE RUNDE

A. Verben. Fill in the blank with the word that matches the English meaning.

> verlassen   verschwinden   verlangen   verlieren   (sich) verspäten

1. _____ to demand
2. _____ to leave
3. _____ to be late
4. _____ to disappear
5. _____ to lose

B. Was macht Lola? Combine phrases from each column to make logical sentences.

Lola ...

1. verspätet sich, _____
2. muss Manni helfen, _____
3. versucht, _____
4. soll verschwinden, _____
5. verlässt _____
6. verlangt 100.000 DM _____

a. wütend sein Büro.
b. von einem Kassierer.
c. weil er sein Geld verloren hat.
d. weil ihr Moped gestohlen wurde.
e. sagt ihr Vater.
f. mit ihrem Vater zu reden.

C. Bedeutungen. Match the words with their definitions.

1. _____ stören
2. _____ klopfen
3. _____ schämen
4. _____ streuen
5. _____ trauern
6. _____ labern
7. _____ kümmern
8. _____ hocken
9. _____ beschimpfen
10. _____ streiten
11. _____ überqueren

a. etwas werfen oder fallen lassen
b. jemanden durch Schimpfworte beleidigen
c. jemanden bei etwas belästigen oder von etwas ablenken
d. heftig diskutieren; einen Wettkampf austragen
e. sitzen
f. Scham empfinden
g. sich in Querrichtung über eine Fläche hinwegbewegen
h. leicht gegen, auf oder an etwas schlagen
i. ohne Substanz oder unnötig lange reden
j. seelischen (*emotional*) Schmerz empfinden
k. sorgen, betreuen oder erledigen

D. Fragen und Antworten. Choose the appropriate answer to each question.

1. Wen soll man nicht stören?
   a. Jemanden, der schläft.   b. Jemanden, der fernsieht.

2. Woran klopft man?
   a. Eine Tür   b. Ein Bett

3. Worüber schämt man sich?
   a. Eine gute Note   b. Einen Strafzettel

4. Was kann man streuen?
   a. Bücher   b. Asche

5. Wann würde man trauern?
   a. Wenn jemand gestorben ist.   b. Wenn ein Baby geboren ist.

6. Wer labert vielleicht?
   a. Jemand, der nervös ist.   b. Jemand, der schüchtern (*shy*) ist.

7. Um wen muss man sich kümmern?
   a. Kinder   b. Bäume

8. Worauf hockt man nicht?
   a. einen Stuhl   b. ein Bücherregal

9. Wen kann eine Mutter bequem auf den Schoß nehmen?
   a. ihren Mann   b. ihr Kind

10. Welche Wörter sind Antonyme zu *beschimpfen*?
    a. kränken; beleidigen   b. loben; ehren

11. Welches Wort ist ein Synonym zu *streiten*?
    a. klarkommen   b. kämpfen

12. Was darf man nicht zu Fuß überqueren?
    a. die Autobahn   b. eine Straße

E. Manni und Lola. Fill in the dialog with the words in the box. Conjugate the verbs if necessary.

> grünen   hocken   kümmern   labern   Schoß
> sterben   streuen   tot   trauern   vergessen

Manni: Lola? Wenn ich jetzt _____ würde, was würdest du machen?

Lola: Ich würde dich nicht sterben lassen.

Manni: Ja gut, aber wenn ich dann trotzdem _____ wäre?

Lola: Ich würde nach Rügen fahren und deine Asche in den Wind _____.

Manni: Und dann?

Lola: Was weiß ich? So 'ne blöde Frage.

Manni: Ich weiß es. Du würdest mich _____.

Lola: Nee.

Manni: Doch, doch. Klar. Sonst kannst du nicht weiterleben. Ich mein, klar würdest du _____. Die ersten Wochen bestimmt. Ist ja auch nicht schlecht. Alle sind total mitfühlend und echt betroffen ... Und dann kommt auf einmal dieser unheimlich nette Typ mit den _____ Augen. Und der ist so supersensibel, hört den ganzen Tag zu und lässt sich so richtig schön voll _____. Und dem kannst du dann erzählen, wie schwer du es gerade hast und dass du dich jetzt echt erst mal um dich selbst _____ musst und dass du nicht weißt, wie es weitergehen wird, und bäh bäh bäh. Und dann _____ du plötzlich bei ihm auf dem _____, und ich bin gestrichen von der Liste. So läuft das nämlich.

VOCABULARY EXERCISES

III. ZUM FILM: DIE DRITTE RUNDE

A. Unterwegs. Match the words with their English definitions.

1.	___ wegfahren	a.	to pass by; to ride/drive past
2.	___ jemandem nachrufen	b.	to run after someone
3.	___ vorbeifahren	c.	to win
4.	___ jemandem hinterherrennen	d.	to brake
5.	___ die Kreuzung	e.	to drive away; depart
6.	___ zusammenstoßen	f.	intersection
7.	___ bremsen	g.	to set or place
8.	___ gewinnen	h.	to interrupt
9.	___ setzen	i.	to call or yell after someone
10.	___ unterbrechen	j.	to crash or collide

B. True or False? Mark whether the statements are R (richtig) or F (falsch) for the 3rd version of the film.

1. ___ Lola sieht ihren Vater wegfahren. Sie ruft ihm nach.
2. ___ Manni sieht Lolas Vater vorbeifahren.
3. ___ Manni sieht den Penner auf dem Fahrrad vorbeifahren.
4. ___ Lola rennt dem Penner hinterher.
5. ___ Manni rennt dem Penner hinterher.
6. ___ Die Autos von Herrn Meier und Lolas Vater stoßen zusammen.
7. ___ Ein LKW-Fahrer muss bremsen. Er beschimpft Lola.
8. ___ Herr Meier und Lolas Vater rennen Lola hinterher.
9. ___ Lola sieht ein Spielkasino, geht hinein und kauft einen Chip für 100 DM.
10. ___ Lola gewinnt im Spielkasino kein Geld und geht zum Büro ihres Vaters zurück.
11. ___ Manni bekommt die Tasche mit seinem Geld zurück.
12. ___ Manni schenkt dem Penner ein Fahrrad.

C. Tenses. Fill in the blank with the correct form of each verb.

1.	wegfahren	fährt weg	fuhr weg	_____
2.	rufen	ruft	_____	hat gerufen
3.	vorbeifahren	_____	fuhr vorbei	ist vorbeigefahren
4.	rennen	rennt	_____	ist gerannt
5.	zusammenstoßen	stößt zusammen	stieß zusammen	_____
6.	bremsen	bremst	_____	hat gebremst
7.	gewinnen	gewinnt	gewann	_____
8.	setzen	setzt	_____	hat gesetzt
9.	unterbrechen	_____	unterbrach	hat unterbrochen

VOCABULARY EXERCISES

IV. ZUM FILM: LOLAS BERLIN

A. Compound Nouns. Combine the parts to make compound nouns.

1.	Haupt_____	a.	-markt
2.	Ost_____	b.	-hundert
3.	Bahn_____	c.	-zelle
4.	Jahr_____	d.	-stadt
5.	Gendarmen_____	e.	-teil
6.	Friedrich_____	f.	-markt
7.	Stadt_____	g.	-turm
8.	Super_____	h.	-berlin
9.	Telefon_____	i.	-straße
10.	Fernseh_____	j.	-hof

B. In der Stadt. Fill in the blanks to match the words above with their meanings.

1. _____ Eine Straße in Berlin
2. _____ Ein Ort, wo Züge beginnen und enden
3. _____ Ein großes Geschäft, wo Lebensmittel u.a. verkauft werden
4. _____ Eine Gegend oder ein Viertel einer Stadt
5. _____ Ein Zeitraum von hundert Jahren
6. _____ Ein Platz in der historischen Mitte von Berlin
7. _____ Der östliche Teil Berlins

8. _____ Eine Kabine, in der ein Telefon installiert ist

9. _____ Ein Turm, von dem Fernsehsignale ausgesendet werden

10. _____ Ein politisches Zentrum eines Staates

C. Lolas Berlin. Fill in the blanks with words from the box.

> Berlin DDR Friedrichstraße gesamtdeutschen
> Hauptstadt kommunistischen Mitte Zentrum

Lola rennt spielt in _____ am Ende des letzten Jahrhunderts. 1992 wurde Berlin wieder Deutschlands _____, was sie schon von 1871 bis 1945 gewesen war. Während der Zeit der deutschen Teilung war Ostberlin die Hauptstadt der _____ (Deutsche Demokratische Republik) gewesen, während Bonn am Rhein Westdeutschlands Hauptstadt war. Tom Tykwer wollte mit *Lola rennt* einen _____ und Gesamt-Berliner Film machen, der keinen Unterschied mehr zwischen dem _____ Ostberlin und West-Berlin macht. Lola läuft durch Westberlin und durch Ostberlin. Wie der Vorspann zeigt, ist ihr Haus fast im _____ von Berlin, neben der Spree und dem zentralen Bahnhof Friedrichstraße. So ist es denn kein Wunder, dass viele Szenen in der Nähe von Lolas Haus in Berlin _____ spielen, wie die dreimal gezeigte Szene in der Friedrichstraße und die Szene am Gendarmenmarkt. Die _____ verläuft von links im Bild (der Norden) nach rechts (der Süden) vorbei am Bahnhof Friedrichstraße.

GRAMMAR EXERCISES

I. ZUM FILM: DIE ERSTE RUNDE

A. Motion or Location? Two-way prepositions take either the accusative case if they show motion or the dative case if they show location. Indicate whether the following two-way prepositions require the accusative (ACC) or dative (DAT) case.

1. _____ Manni wartet an der Ecke.

2. _____ Lola geht in das Gebäude.

3. _____ Lola setzt sich in ein Taxi.

4. _____ Manni sitzt in der U-Bahn.

5. _____ Die Tasche liegt auf dem Platz neben Manni.

6. _____ Lola steht im Büro ihres Vaters.

7. _____ Der Penner sitzt neben Manni.

8. _____ Manni steht vor dem Supermarkt.

B. The Accusative Case. The following prepositional phrases are all in the accusative case. Choose the correct articles to complete the sentences.

1. Manni geht in _____ Telefonzelle. (eine/einer)

2. Lola rennt in _____ Büro ihres Vaters. (dem/das)

3. Manni nimmt den Revolver in _____ Hand. (der/die)

4. Manni geht in _____ Supermarkt hinein. (den/dem)

5. Manni steckt das Geld aus den Kassen in _____ Plastiksack. (einem/einen)

6. Manni wirft den Plastiksack in _____ Luft. (der/die)

C. The Dative Case. Choose the appropriate verb to complete these sentences in the dative case.

1. Manni _____ in einer Telefonzelle.
   a. steht   b. geht

2. Lola _____ im Büro ihres Vaters.
   a. läuft   b. wartet

3. Manni _____ den Revolver in der Hand.
   a. steckt   b. hält

4. Manni _____ vor dem Supermarkt.
   a. rennt   b. steht

5. Das Geld _____ in einem Plastiksack.
   a. liegt   b. legt

6. Manni _____ den Plastiksack in der Luft.
   a. sieht   b. schmeißt

GRAMMAR EXERCISES

II. ZUM FILM: DIE ZWEITE RUNDE

A. Prepositions. Fill in the blanks with the prepositions and articles in the box.

> in das   in die   in eine   im   vor dem   vor der

Lola rennt die zweite Runde. _____ Büro streitet der Vater mit seiner Geliebten. Lola rennt _____ Büro und bittet den Vater dringend um Hilfe, aber er will in Ruhe gelassen werden. Lola beschimpft die Geliebte des Vaters, bekommt von ihm eine Ohrfeige. Lola verlässt wütend den Raum, und nimmt Schusters Revolver _____ Hand, geht zum Vater zurück, bedroht ihn mit der Waffe. Lola verlangt von dem Kassierer 100.000 DM und lässt das Geld _____ Plastiktüte packen. _____ Bank stehen bereits Polizisten und sagen ihr, sie soll weggehen. Lola steht _____ Supermarkt und schreit: „Manniiii…". Er hört sie und will die Straße überqueren. In dem Augenblick biegt der Krankenwagen um die Ecke und überfährt Manni.

B. Accusative or Dative? Put the six prepositional phrases (preposition + article + noun) into the appropriate column depending on whether they are in the accusative or the dative case.

Accusative	Dative

C. More Accusative and Dative. Complete the chart with the missing information. Indicate whether the four bolded prepositional phrases are in the accusative (ACC) or the dative (DAT) case and supply the gender of each noun (MASC, NEUT, FEM).

Ich liege jetzt **im Koma** und der Arzt sagt, ein Tag noch.

Ich würde nach Rügen fahren und deine Asche **in den Wind** streuen.

Ich würde mit dir ans Meer fahren und dich **ins Wasser** schmeißen.

Dann hockst du plötzlich bei ihm **auf dem Schoß**.

Prepositional Phrase	Case	Noun Gender
im Koma		
in den Wind		
ins Wasser		
auf dem Schoß		

D. Wer sagt was? Label the statements based on whether they were uttered by Lola or Manni.

1. _____ Ich liege jetzt im Koma und der Arzt sagt, ein Tag noch.

2. _____ Ich würde nach Rügen fahren und deine Asche in den Wind streuen.

3. _____ Ich würde mit dir ans Meer fahren und dich ins Wasser schmeißen.

4. _____ Dann hockst du plötzlich bei ihm auf dem Schoß.

GRAMMAR EXERCISES

III. ZUM FILM: DIE DRITTE RUNDE

A. Accusative and Dative Verbs. Fill in the chart by placing the verbs into the correct column. Do they show motion (accusative) or location (dative)?

liegen   stellen   sitzen   stehen   legen   setzen

ACCUSATIVE	DATIVE

B. **Verb Tenses.** Fill in the chart with the missing information. Compare the simple past tense and participles of the verbs that take the accusative with those that take the dative. What patterns do you notice?

1. liegen   liegt   _____   ist gelegen
2. legen   legt   legte   hat _____
3. stehen   steht   _____   ist gestanden
4. stellen   stellt   _____   hat gestellt
5. sitzen   sitzt   saß   ist _____
6. setzen   setzt   setzte   hat _____
7. hängen   hängt   _____   ist gehangen
8. hängen   hängt   hängte   hat _____

C. **Happy Endings?** First determine the gender of the italicized nouns (MASC, NEUT, or FEM). Look them up if necessary. Then label the sentences ACC or DAT based on whether the preposition requires the accusative or dative. Finally, fill in the endings on the indefinite articles where required. The first one has been done for you.

		GENDER	CASE
1.	Lolas Vater sitzt in ein__em__ *Auto*.	NEUT	DAT
2.	Der Penner fährt auf ein___ *Fahrrad*.	_____	_____
3.	Manni wartet in ein___ *Telefonzelle*.	_____	_____
4.	Lola geht in ein__ *Spielkasino*.	_____	_____
5.	Lolas Mutter sitzt auf ein___ *Sofa*.	_____	_____
6.	Der Wachmann steht vor ein___ *Bank*.	_____	_____
7.	Die Frau setzt ihr Baby in ein___ *Kinderwagen*.	_____	_____
8.	Jutta steht neben ein__ *Schreibtisch*.	_____	_____
9.	Manni geht in ein___ *Supermarkt* hinein.	_____	_____
10.	Manni steckt das Geld in ein___ *Plastiktüte*.	_____	_____

D. **Ende gut, alles gut.** Fill in the blanks with the correct definite article. Think about the gender of the nouns (provided in parentheses) and the case.

1. Lola geht in _____ Geschäft (n).
2. Sie steht an _____ Kasse (f).
3. Manni steht an _____ Ecke (f) und wartet auf Lola.
4. Er geht in _____ Telefonzelle (f) und ruft Lola an.
5. Ein Mann setzt sich auf _____ Moped (n) von Lola und fährt weg.
6. Manni steigt in _____ U-Bahnzug (m).
7. Er setzt sich auf _____ Sitz (m).
8. Manni sitzt neben _____ Tasche mit dem Geld (f).
9. Lola rennt in _____ Bank (f).
10. Sie rast in _____ Büro (n) ihres Vaters.

11. Eine Uhr hängt an _____ Wand (f).

12. Lola geht aus dem Büro und in _____ Spielkasino (n).

13. Dort setzt sie ihren Chip auf _____ Zahl (f) 20.

14. Lola findet Manni, der vor _____ Supermarkt (m) steht.

15. Er hält die Tasche mit dem Geld in _____ Hand (f).

GRAMMAR EXERCISES

IV. ZUM FILM: LOLAS BERLIN

A. Wo oder wohin? Indicate which statements show motion (wohin) and which location (wo).

1. _____ Lola wohnt in der Albrechtstraße 13.

2. _____ Lola läuft über die Oberbaumbrücke.

3. _____ Lola läuft über den Gendarmenmarkt.

4. _____ Lola steht vor der Garagenausfahrt in der Wallstraße.

5. _____ Lola rennt in die Bank am Bebelplatz.

6. _____ Manni steht in der Telefonzelle in Berlin-Charlottenburg.

7. _____ Manni geht in den Supermarkt in der Osnabrücker Straße.

8. _____ Manni liegt unter dem Krankenwagen.

9. _____ Lola liegt auf der Straße.

10. _____ Lola setzt ihren Chip auf 20.

11. _____ Manni und Lola halten die Taschen mit dem Geld in der Hand.

B. In Berlin. Complete the texts about sights in Berlin by filling in the blanks with the correct preposition from the box.

> an (2x)   auf   iaugn   neben   unter   zwischen

1. Der Berliner Fernsehturm ist das höchste Bauwerk Deutschlands und das vierthöchste Europas. Er liegt im historischen Zentrum Berlins _____ der mittelalterlichen Marienkirche, dem Roten Rathaus und westlich des Alexanderplatzes.

2. Der Gendarmenmarkt, der schönste Platz Berlins, ist ein Platz _____ der historischen Mitte von Berlin. Zentrales Gebäude ist das Konzerthaus, das _____ der Nordseite vom Französischen Dom und auf der Gegenseite vom fast identischen Deutschen Dom liegt.

3. Der Bahnhof Friedrichstraße liegt _____ der S-Bahn _____ Friedrichstraße und Spree. _____ ihm befinden sich der U-Bahnhof Friedrichstraße. Wegen seiner zentralen Lage nahe dem Boulevard Unter den Linden, dem Brandenburger Tor und dem Reichstag ist er ein beliebter Ausgangspunkt für Touristen. Er ist der wichtigste Regionalbahnhof Berlins.

4. Der Berliner Dom steht _____ dem nördlichen Teil der Museumsinsel.

C. Was gibt es noch in Berlin zu tun? Man kann ...

> a. neben   b. vor   c. in   d. ins   e. zwischen   f. im   g. am   h. hinter

1. ___ Museum oder ins Theater gehen.

2. einen Spaziergang ___ Ufer der Spree machen.

3. vor oder ___ einem Stück der noch existierenden Reste der Mauer stehen.

4. ___ Hotel direkt am Gendarmenmarkt wohnen.

5. die Kaiser-Wilhelm-Gedächtniskirche besuchen, die ___ dem Kudamm und dem Zoologischen Garten liegt.

6. auch ___ den sechseckigen neuen Glockenturm ___ der Gedächtniskirche gehen.

7. den Brunnen ___ der Nikolaikirche mit dem Berliner Bären besichtigen.

GENERAL COMPREHENSION

A. People. Add the names of the characters with the descriptions: der Boss, Jutta, Lola, Manni, Papa, der Penner.

1. _____ Er findet die Tasche mit dem Geld in der U-Bahn.

2. _____ Er ist Bankdirektor, der eine Affäre mit einer Kollegin hat.

3. _____ Er braucht dringend Geld.

4. _____ Sie hat eine Affäre mit Lolas Vater.

5. _____ Er will das Geld, das Manni ihm in 20 Minuten geben muss.

6. _____ Sie rennt durch Berlin, um ihrem Freund zu helfen.

B. Events. Read the sentences and label them according to whether they took place in the first (1), the second (2), or the third (3) version of the story.

1. ___ Lola liegt tödlich verletzt auf der Straße.

2. ___ Manni wird von einem Krankenwagen überfahren.

3. ___ Lola gewinnt Geld in einem Spielkasino.

4. ___ Manni bekommt das Geld von dem Penner zurück.

5. ___ Lola wird unabsichtlich von einem Polizisten erschossen.

6. ___ Manni geht mit einem Revolver in einen Supermarkt.

7. ___ Lola tut das Bein weh.

8. ___ Die Autos von Herrn Meier und Lolas Vater stoßen zusammen.

9. ___ Lola schnappt sich die Waffe des Beamten und erpresst Geld von dem Kassierer.

10. ___ Die Geschichte hat ein Happy End.

C. **Comprehension.** Read the statements about the film and mark whether they are R (richtig) or F (falsch).

1. ___ Lola rennt durch eine Gruppe Nonnen.

2. ___ Lola bittet ihre Mutter dringend um Geld, damit sie Manni helfen kann.

3. ___ Lolas Vater will seine Frau verlassen und die schwangere Jutta heiraten.

4. ___ Lola schlägt einen Sicherheitsbeamten auf den Kopf.

5. ___ Der Vater streitet mit Jutta nicht.

6. ___ Lola verlangt 200.000 DM von dem Kassierer der Bank.

7. ___ Der Penner hat ein Auto.

8. ___ Manni rennt dem Penner hinterher.

9. ___ Lola gewinnt 50.000 DM im Spielkasino.

10. ___ Am Ende sieht Manni unbesorgt und entspannt aus.

D. **Die Story.** Fill in the blanks with words from the box to complete the synopsis.

> Anruf   Bankdirektor   Boss   erschossen   Geschichte   gewinnt   Krankenwagen
> leben   Minuten   Supermarkt   Tasche   überfällt   verlangt   verliebt   verloren

Lola und Manni _____ in Berlin. Sie sind in einander _____. Lola bekommt
einen _____ von ihrem Freund Manni. Er hat 100.000 DM in einer U-Bahn _____,
als die Fahrscheinkontrolleuren kamen. Ihm gehört das Geld nicht. Und es gibt großen Ärger, wenn er
seinem _____ Ronnie das Geld nicht überliefert. In 20 _____ will sein Boss die
100.000 Mark wiederhaben. Lola hat nur 20 Minuten um Manni das Geld zu besorgen, sonst
_____ er einen Supermarkt. Es gibt drei verschiedene Varianten der _____.
Lola versucht das Geld von ihrem Vater, einem _____, zu bekommen. Lola _____
Geld vom Kassierer bei der Bank, und Manni überfällt den _____. In einer Variante der
Geschichte wird Lola _____, in einer anderen wird Manni von _____
_____ überfahren. Am Ende hat Manni die _____ tatsächlich zurückbekommen
und Lola _____ 100.000 DM in einem Spielkasino. Ende gut, alles gut?

Chapter 7

Im Juli

Part One: Die Liebesgeschichte

A. Meine Herzallerliebste. Fill in the blanks with the verbs in the box.

> ergehen folgen gehen leiden stehen
> sagen überqueren versetzen widerstehen

1. Ich würde tausende von Meilen _____.

2. Ich würde Flüsse _____.

3. Ich würde Berge _____.

4. Ich würde _____.

5. Ich würde Qualen über mich _____ lassen.

6. Ich würde der Versuchung _____.

7. Ich würde der Sonne _____.

8. Ich würde dir gegenüber _____.

9. Ich würde dir _____, dass ich dich liebe.

B. Yes, we are married! Decide which modal verb works best in the blanks.

1. Ich habe keinen Pass mehr. Ich habe gar nichts mehr und ich muss über diese Grenze. Du _____ mir helfen!

   a. darfst   b. willst   c. musst

2. Ist doch jetzt egal! Hör zu, du _____ ihm irgendwas erzählen, erzähl ihm irgendwas! Erzähl ihm, wir sind verheiratet, wir sind verheiratet, ok?

   a. musst   b. willst   c. darfst

3. Nee, so geht das doch nicht. Wir _____ doch den Mann nicht einfach anlügen.

   a. möchten   b. können   c. müssen

4. Ok! Daniel Bannier, _____ du mich zu deiner Frau haben?

   a. willst   b. darfst   c. musst

5. Daniel: Also: meine Herzallerliebste, ist doch richtig, oder? Ich bin über Brücken gegangen, war falsch, oder? Ich, ich, ich bin... Juli: Du _____ den Text nicht!

   a. musst   b. willst   c. kannst

C. Yes, we are married! Fill in the blanks with the correct word.

> beigebracht bitte erzählen geht Herzallerliebste mir
> Problem Grenze Text verspreche will Zeremonie zu

1. Juli, hör zu: Ich habe ein riesengroßes _____.

2. Ich muss, ich habe keinen Pass mehr, ich habe gar nichts mehr und ich muss über diese _____. Du musst mir helfen!

3. Hör zu, du musst ihm irgendwas _____, erzähl ihm irgendwas! Erzähl ihm, wir sind verheiratet, wir sind verheiratet, ok?

4. Juli, _____!

5. Nee, so _____ das doch nicht.

6. Daniel Bannier, willst du mich _____ deiner Frau haben?

7. Na, _____ du oder willst du nicht?

8. Ich will den _____ hören!

9. Der Text, den ich dir _____ habe.

10. Das gehört zur _____!

11. Meine _____, ist doch richtig, oder?

12. Versprichst du _____ das?

13. Ich _____ es dir!

D. Related Words. Guess the related word based on the vocabulary words.

> der Abschied die Gemeinsamkeit die Hoffnung der Kampf die Leiden (pl.)
> die Lüge das Versprechen der Widerstand der Wunsch

Vocabulary Words and Their Translations	Related Words	Translations of Related Words
hoffen (*to hope*)		*hope*
kämpfen (*to fight*)		*fight*
wünschen (*to wish*)		*wish*
gemeinsam (*in common*)		*similarity*
anlügen (*to lie to*)		*lie*
versprechen (*to promise*)		*promise*
leiden (*to suffer*)		*sufferings*
widerstehen (*to resist*)		*resistance*
sich verabschieden (*to say goodbye*)		*goodbye*

E. Antonyme. Find the antonym for each word.

1. ____ verrückt
   a. vernünftig   b. lustig   c. gut

2. ____ klappen
   a. funktionieren   b. schaffen   c. scheitern

3. ____ aufpassen
   a. verheiraten   b. verpassen   c. merken

4. ____ ernst
   a. schlecht   b. oberflächlich   c. gut

5. ____ gemeinsam
   a. getrennt   b. zusammen   c. miteinander

6. ____ verheiratet
   a. verlobt   b. ledig   c. verliebt

7. ____ anlügen
   a. die Lüge   b. belügen   c. die Wahrheit sagen

8. ____ sich verabschieden
   a. sich begegnen   b. abdanken   c. Abschied nehmen

II. Vocabulary Exercises

Part Two: Die Abenteuergeschichte

A. Ist das nicht romantisch? Fill in the blanks with the correct verb in its imperative form.

> beeil   bleib   gib   lass   tu   vertrau   wirf

1. Daniel: Juli, _____ dich bitte verdammt noch mal! Hey, bist du verrückt!

2. Juli: _____ mir, ok.

3. Daniel: _____ mal ganz ruhig jetzt, ich glaube, da guckt gerade jemand.

4. Daniel: _____ mir bitte einen Gefallen und _____ dieses Ding an und _____ uns zusehen, dass wir hier wegkommen, bitte, bitte, bitte, bitte, bitte!

5. _____ mir fünf!

B. Ist das nicht romantisch? Match the vocabulary words with their German definitions.

1. ____ sich beeilen
2. ____ der Gefallen
3. ____ gucken
4. ____ ruhig
5. ____ verrückt
6. ____ vertrauen
7. ____ sich weh tun

a. sich eilen, schnell machen
b. nicht normal, geisteskrank
c. sich auf jmdn., etw. verlassen
d. Schmerzen zufügen, verletzen
e. ohne Bewegung, nicht aufgeregt
f. sehen, schauen
g. eine kleine Hilfeleistung oder Liebenswürdigkeit

C. Verkehrsmittel. Choose which means of transportation fits the situation best.

Mit welchem Verkehrsmittel fährt man am besten ...

1. auf der Autobahn? _____
2. in der Innenstadt? _____
3. auf dem Meer? _____
4. im Untergrund? _____
5. in der Fußgängerzone? _____
6. auf der Strasse? _____
7. durch die Luft? _____
8. von einer Stadt bis zur anderen Stadt? _____

mit dem Auto
mit dem Fahrrad
mit dem Flugzeug
mit dem Schiff
mit der Straßenbahn
mit der U-Bahn
zu Fuß
mit dem Zug

D. Und zack über den Fluss. Fill in the blanks from the clip with the correct verb.

beschleunigen bist gehst hast lauten meine machen muss
nehmen schaffe setz soll überlegt überwinden warte zack

1. JULI: Hey, _____ doch mal! _____ doch mal ein Stück zurück!
2. DANIEL: Ja, ja, aber das _____ ich jetzt nicht!
3. JULI: Der Grenzfluss hier _____ die Donau sein. Diese Pfütze hier ist nicht die Donau!
4. DANIEL: _____ du dir sicher?
5. JULI: Ok, _____ wir an, das hier ist der Grenzfluss, und?
6. DANIEL: Ja, klar, ich nehme einfach von da hinten Schwung, den Weg runter, auf die Rampe zu und _____ über den Fluss!
7. JULI: Du _____ doch nicht mehr alle Tassen im Schrank!
8. DANIEL: Am Freitag _____ ich Punkt 12 in Istanbul sein und ohne Karre _____ ich das nicht!
9. JULI: Du schaffst es aber auch nicht, wenn du dabei drauf _____.
10. JULI: Hast du es auch mal von dem Standpunkt aus _____?
11. JULI: Vernünftige Lehrer _____ das nicht!
12. DANIEL: Die Frage muss also _____: Wie schnell muss ich x _____, um bei einer Rampe von 10 Grad 25 Meter Weg zu _____, richtig? Richtig!

E. Und zack über den Fluss. Match the idiomatic expressions from the dialog with their English translations.

1. _____ die Schnauze voll haben. z.B. Langsam habe ich wirklich echt die Schnauze voll.

2. _____ ein Stück doch mal zurücksetzen. z.B. Hey, warte doch mal! Setz doch mal ein Stück zurück!

3. _____ etwas gleich sehen werden. z.B. Das werden wir gleich sehen!

4. _____ Also Entschuldigung. z.B. Der Grenzfluss hier soll die Donau sein. Diese Pfütze hier ist nicht die Donau! Also Entschuldigung.

5. _____ Quatsch. z.B. JULI: Was meinst du denn?

   DANIEL: Das da müsste Bulgarien sein!

   JULI: Quatsch!

6. _____ Meiner Meinung nach. z.B. Meiner Meinung nach war der Grenzfluss nicht die Donau!

7. _____ Doch.

   z.B. DANIEL: Also Entschuldigung. Meiner Meinung nach war der Grenzfluss nicht die Donau!

   JULI: Doch, es war die Donau!

8. _____ Bist du dir sicher?

9. _____ Alle Tassen im Schrank haben. z.B. Du hast doch nicht mehr alle Tassen im Schrank!

10. _____ bei etwas draufgehen. z.B. Du schaffst es aber auch nicht, wenn du dabei drauf gehst.

11. _____ Etwas von einem Standpunkt aus überlegen. z.B. Hast du es auch mal von dem Standpunkt aus überlegt?

12. _____ Also. z.B. Also: Der Wagen ist mein Gewicht x, ok?

a. Okay.

b. Pff! or Nonsense!

c. Uh, yeah.

d. Oh, please.

e. In my opinion

f. We'll see about that.

g. Are you sure?

h. You're crazy.

i. Back up a second.

j. to be fed up with something

k. to consider something from a different perspective

l. to die in the process

I. GRAMMAR EXERCISES

PART ONE: DIE LIEBESGESCHICHTE

A. Verbs. Fill in the blanks with the correct forms of the verbs.

Infinitive	Simple Past	Perfect	Regular or Irregular?
widerstehen	widerstand		irregular
hören	hörte	gehört	
gehen	ging	gegangen	
überqueren		überquert	regular
schaffen	schaffte		regular
sagen		gesagt	regular
leiden	litt		irregular
versetzen	versetzte	versetzt	

B. Pronouns. Read the following sentences from the clip and decide whether the underlined pronouns are:

a. personal   b. relative   c. reflexive

1. _____ Du musst <u>mir</u> helfen.

2. _____ Das ist völlig verrückt, dass wir <u>uns</u> heute kennengelernt haben.

3. _____ Du musst <u>ihm</u> irgendetwas erzählen.

4. _____ Ich würde es <u>mir</u> wünschen.

5. _____ Du musst <u>mich</u> fragen.

6. _____ Der Text, <u>den</u> ich dir beigebracht habe.

7. _____ Du kannst <u>ihn</u> nicht.

8. _____ Versprichst du <u>mir</u> das.

9. _____ Der Erste, <u>der</u> anhält, soll entscheiden, wo wir hinfahren, ok?

C. "Yes, we are married!" Choose which pronoun fits best.

1. Du musst _____ helfen!
   a. mich   b. mir   c. sie

2. Hör zu, du musst _____ irgendwas erzählen!
   a. sich   b. ihn   c. ihm

3. Ok! Daniel Bannier, willst du _____ zu deiner Frau haben?
   a. mich   b. mir   c. ihr

4. Jetzt musst du _____ fragen.
   a. sich   b. mich   c. mir

5. Den Text, _____ ich dir beigebracht habe.
   a. der   b. den   c. dem

6. Du kannst _____ nicht!
   a. er   b. ihn   c. ihm

7. Versprichst du _____ das?
   a. sich   b. mich   c. mir

8. Ich versprech es _____!
   a. sich   b. dich   c. dir

D. Vacation Pictures! Daniel is narrating his vacation pictures in a special tribute to Juli's declaration of love. Fill in the blanks with the correct relative pronoun.

1. Du bist die Frau – meine Herzallerliebste, _____ mein Schicksal bestimmt hat!

2. Hier auf der Landkarte sehen wir die Meilen, _____ ich für dich gegangen bin.

3. Und hier ist der Fluss, _____ ich überquert habe.

4. Hier ist der Berg, _____ ich versetzt habe.

5. So schlimm waren die Qualen, _____ ich über mich ergehen lassen habe.

6. Hier die Versuchung, _____ ich widerstanden (*dative*) bin.

7. Und hier die Sonne, _____ ich gefolgt (*dative*) bin.

8. Und hier bist du, Juli, _____ ich gegenüber gestanden bin.

9. Und hier die Brücke, unter _____ ich dir meine Liebe erklärt habe.

E. Reflexive Verbs with Prepositions. Fill in the blanks with the best preposition from the list.

> an   auf   über (2x)   für   in   mit (2x)   um (2x)   von   vor

1. Daniel freut sich _____ den Ring.

2. Daniel freut sich _____ die Reise nach Istanbul.

3. Daniel interessiert sich _____ Physik.

4. Juli verliebte sich _____ Daniel.

5. Daniel und Juli verabschieden sie sich _____ Leo.

6. Daniel unterhält sich _____ Isa _____ seine Geschichte.

7. Daniel kann sich nicht _____ die Liebeserklärung erinnern.

8. Daniel macht sich sorgen _____ sein Portmonee.

9. Daniel gewöhnt sich _____ ein wildes Leben

10. Daniel trifft sich wieder _____ Juli in Istanbul.

11. Daniel fürchtet sich nicht _____ seinem Schicksal.

12. Isa kümmert sich _____ die Leiche seines Onkels.

II. GRAMMAR EXERCISES

PART TWO: DIE ABENTEUERGESCHICHTE

A. Pronouns. Read the following sentences from the clip and decide whether the underlined pronouns are:

> a. personal   b. relative   c. reflexive   d. interrogative

1. _____ <u>Die</u> lag hier rum.

2. _____ Juli, beeil <u>dich</u> bitte verdammt noch mal!

3. _____ Vertrau <u>mir</u>, ok?

4. _____ Hast du <u>dir</u> weh getan?

5. _____ Da guckt gerade jemand. <u>Der</u> guckt hierher! <u>Der</u> guckt hierher!

6. _____ Juli, tu <u>mir</u> bitte einen Gefallen

7. _____ Na, <u>wer</u> sagt es denn!

8. _____ Gib <u>mir</u> fünf!

9. _____ Bist du <u>dir</u> sicher?

B. Ist das nicht romantisch! Choose which pronoun fits best.

1. Juli, beeil _____ bitte verdammt noch mal!
   a. du   b. dich   c. dir

2. Vertrau _____, ok?
   a. sich   b. mich   c. mir

3. Ok! Ok! Hast du _____ weh getan?
   a. sich   b. dich   c. dir

4. Da guckt gerade jemand. _____ guckt hierher!
   a. der   b. dass   c. das

5. Juli, tu _____ bitte einen Gefallen.
   a. sich   b. dich   c. mir

6. Lass uns zusehen, dass ___ hier wegkommen, bitte, bitte, bitte, bitte, bitte.
   a. ich   b. du   c. wir

C. Und zack über den Fluss. Replace the underlined words with the logical pronoun.

1. _____ Wenn die Bulgaren schon so eine Scheiße machen, was sollen dann erst die Türken machen? <u>Die Türken</u> sind doch bestimmt dreimal so schlimm.

2. _____ <u>Der Grenzfluss</u> hier soll die Donau sein.

3. _____ <u>Diese Pfütze</u> hier ist nicht die Donau!

4. _____ Meiner Meinung nach war <u>der Grenzfluss</u> nicht die Donau!

5. _____ Doch, es war <u>die Donau</u>!

6. _____ Ich setze einfach mit <u>dem Auto</u> rüber!

7. _____ Ja, klar, ich nehme einfach von da hinten Schwung, den Weg runter auf die Rampe zu und zack über <u>den Fluss</u>!

8. _____ Juli, wir brauchen <u>das Auto</u>!

D. Relative clauses. Fill in the blank with the relative pronoun.

1. Juli ist eine Frau, _____ keine Angst hat.

2. Daniel ist ein Mann, _____ etwas schüchtern ist.

3. Juli, _____ Schmuck verkauft, ist eine spontane Frau.

4. Der Ring, _____ Daniel gekauft hat, soll ihm Glück bringen.

5. Der Nachbar, _____ Wagen Daniel benutzt, kommt aus Jamaika.

6. Leo ist ein LKW-Fahrer, mit _____ Juli ein Bier trinkt.

7. Daniel, _____ draußen wartete, musste Juli helfen.

8. Der Kleinbus, _____ Daniel dem Grenzbeamten schenkte, war von Luna.

9. Daniel fährt mit Isa, _____ die Leiche seines Onkels im Kofferraum hat.

10. Endlich findet Daniel die Brücke, von _____ Melek in Hamburg erzählte.

E. Reflexive Pronouns. Fill in the blanks with the accusative reflexive pronouns.

1. Daniel beeilt _____, damit er nicht spät kommt.

2. Juli hat _____ am Wochenende erkältet.

3. Daniels Schüler langweilen _____ im Unterricht!

4. Setzt _____!

5. Isa, setz _____ hin!

6. Juli legt _____ hin.

7. Wir regen _____ auf.

8. Juli sagt, ich muss _____ abregen.

GENERAL COMPREHENSION

A. People. Match the names of the characters with the descriptions.

> Daniel • Juli • Luna • Leo • Melek • Isa

1. _____ Sie ist Schmuckverkäuferin und hat eine Tätowierung auf ihrem Rücken.

2. _____ Sie lernt Daniel auf einer Party kennen und fliegt nach Istanbul.

3. _____ Sie schüttet Daniel ein Schlafmittel in die Cola und klaut sein Portmonee.

4. _____ Er hat eine Leiche im Kofferraum.

5. _____ Er ist Lehrer und sucht und findet die große Liebe seines Lebens.

6. _____ Er ist Lkw-Fahrer und kämpft mit Daniel.

B. Chronology. Read the sentences and number them according to which one happened first.

____ Daniel und Juli treffen sich zufällig auf der Autobahn. Er fährt nach Istanbul und sie entscheidet sich spontan mitzukommen.

____ Daniel und Juli treffen sich wieder an der rumänischen Grenze, wo sie „heiraten". Sie klauen ein Auto und versuchen mit dem Auto über einen Fluss zu springen. Juli verlässt Daniel.

____ Daniel sieht Melek und erfährt, dass sie zu ihrem Freund fährt. Er weiß, dass die richtige Frau auf ihn am Bosporus wartet, aber dass diese Frau nicht Melek ist. Daniel und Juli finden sich und er erklärt ihr seine Liebe. Sie werden später von Isa und seiner Freundin, Melek, abgeholt.

____ Die Schmuckverkäuferin Juli prophezeit Daniel, dass er mit Hilfe der Sonne auf einem Maya-Ring die Frau seines Lebens auf einer Party finden wird.

____ Das Auto bricht zusammen und ein Lkw-Fahrer Leo nimmt sie mit. In einer Kneipe fordert Leo Daniel zum Prügeln auf, damit Juli sehen kann, dass Daniel für sie kämpfen würde.

_____ Daniel und Juli kiffen auf einem Frachtschiff und halluzinieren. Am Morgen wird Daniel über Bord geworfen und sie werden von einander getrennt.

_____ Luna nimmt Daniel mit nach Budapest und schüttet ihm ein Schlafmittel in sein Getränk. Daniel wacht ohne Pass und Geld in einem Kornfeld auf. Luna wird verhaftet und Daniel nimmt ihr Auto.

_____ Auf einer Party sieht Daniel Melek, die ein Sonnensymbol auf ihrer Bluse trägt. Er denkt, er habe die Frau seines Lebens gefunden. Juli ist traurig.

_____ Isa muss Daniel mitnehmen. Auf der Fahrt erzählt Daniel ihm seine Geschichte. An der Grenze entdecken die Grenzbeamten die Leiche von Isas Onkel in dem Kofferraum und Isa und Daniel landen Im Gefängnis. Isa erzählt Daniel die Geschichte von seinem Onkel, dessen Leiche er von Deutschland in die Türkei schmuggelt. Die Zellentür wird nicht zugesperrt und Daniel flieht.

C. Comprehension. Read the statements about the film and write a R (richtig) or an F (falsch) in the blanks.

1. _____ Daniel denkt, dass der Ringzauber geklappt hat, weil er Melek auf der Party kennengelernt hat.

2. _____ Juli hat sich in Daniel verliebt und ist traurig, dass er Melek zuerst gesehen hat.

3. _____ Leo und Juli glauben an individuelle Freiheit.

4. _____ Juli wünscht sich, dass Daniel für sie kämpfen würde.

5. _____ Die Liebeserklärung, die Juli Daniel beibringt, beginnt so: „Mein Honigbienchen! Ich bin tausende von Meilen geflogen".

6. _____ Juli findet es romantisch, dass sie zusammen ein Auto klauen.

7. _____ Daniel und Juli schaffen das, mit dem Auto über den Rhein zu springen.

8. _____ Melek ist mit Isa befreundet.

9. _____ Daniel vergisst die Liebeserklärung, wenn er Juli unter der Brücke trifft.

10. _____ Daniel und Juli fahren zusammen mit Isa und Melek zurück nach Deutschland.

D. Comprehension. Read the statements and write a R (richtig) or an F (falsch) in the blanks.

1. _____ Deutschland grenzt an neun Länder: Dänemark, Polen, Tschechien, Österreich, die Schweiz, Frankreich, Luxemburg, Belgien und die Niederlande.

2. _____ Es gibt sechzehn Bundesländer in Deutschland.

3. _____ Berlin ist die Hauptstadt von Deutschland und auch ein Bundesland.

4. _____ München liegt im Bundesland Bayern.

5. _____ Frankfurt liegt im Bundesland Hessen.

6. _____ Ankara ist die Hauptstadt von der Türkei.

7. _____ Wien ist die Hauptstadt von Österreich.

8. _____ Der Rhein entspringt in dem Schwarzwald und mündet in das Schwarze Meer.

9. _____ Die Donau entspringt in den Schweizer Alpen und mündet in die Nordsee.

10. _____ Ein beliebtes Urlaubziel der Deutschen in Europa ist Italien.

Chapter 8

Sophie Scholl - Die letzten Tage

VOCABULARY EXERCISES

I. ZUM FILM: SOPHIES GESCHICHTE

A. Abkürzungen. Match the acronyms with their meanings below.

BDM   Gestapo   HJ   NSDAP   SS   SA   KZ

1. _____   Nationalsozialistische deutsche Arbeiterpartei
2. _____   Geheime Staatspolizei
3. _____   Hitlerjugend
4. _____   Sturmabteilung
5. _____   Bund deutscher Mädchen
6. _____   Schutzstaffel
7. _____   Konzentrationslager

B. Das Flugblatt. Insert the correct word into the blank.

a. Flugblatt   b. gestehen   c. Lichthof   d. Postbeamte   e. Prozess   f. verurteilt
g. Stapel   h. Widerstand   i. verhaftet   j. Verhöre   k. Volksgericht

1. Die Studenten verteilen das _____ in der Universität.
2. Der _____ verkauft mir zwanzig Briefmarken.
3. Sophies _____ hat eine Stunde gedauert.
4. Sophie Scholl wurde im _____ zum Tode _____.
5. Sophie hat einen _____ Papier in den _____ der Universität fallen lassen.
6. Robert Mohr hat drei Tage lang _____ mit Sophie Scholl angestellt.
7. Sophie wollte der Gestapo nichts _____.
8. Es gab viele Gruppen in der Nazizeit, die _____ geleistet haben.
9. Sophie und ihr Bruder wurde in der Universität _____.

C. Verbs. Fill in the blanks with the appropriate verb from the list. Be sure to conjugate the verbs.

> abziehen (zog ab, hat abgezogen)   frankieren   falten   stecken   diskutieren   verteilen

1. Sophie Scholl _____ die Umschläge mit den Flugblättern.
2. Sophie Scholl _____ die Flugblätter und _____ sie in den Briefumschlag.
3. Hans und Sophie Scholl _____ die Flugblätter.
4. Die Studenten _____ eine Strategie für die Flugblätter.
5. Hans Scholl _____ die Flugblätter _____.

D. Nouns. Insert the appropriate words into the blanks below.

> (die) Handschrift   (der) Hochverrat   (die) Schmähschrift   (der) Urheber   vernichten

Sophie und ihre Freunde haben die _____ mit einem Vervielfältigungapparat kopiert und dann in der Universität verteilt. Ihr Bruder hat versucht die Texte zu _____, doch ein _____ -Test fand heraus, dass er der _____ war. Der Text ist für die Nazis _____.

E. Mohrs Anklage. Fill in the blanks with the nouns below. Watch out for plurals!

> (die) Empore   (der) Fingerabdruck   (das) Flugblatt   (das) Pamphlet
> (das) Protokoll   (das) Stück   (der) Vervielfältigungsapparat   (der) Zettel

Die _____ auf dem _____ stammen von Ihrem Bruder. Ihr Bruder hat gestanden. Er hat zu _____ gegeben alles alleine gemacht zu haben, alle sechs _____ entworfen, vervielfältigt und verteilt zu haben. Er will in einer Nacht in München alleine 5000 _____ ausgelegt haben. Sie wohnen mit Ihrem Bruder zusammen, Sie waren mit ihm zusammen heute Vormittag auf der _____. Da wollen Sie uns weis machen, dass Sie von all dem nichts gewusst haben? Sie wollen die _____ für harmlose _____ gehalten haben? Geben Sie doch endlich zu, dass Sie mit Ihrem Bruder zusammen die Flugblätter hergestellt und verteilt haben!

F. Mohr and Sophie. Fill in the blanks with the appropriate words.

> feige   (das) Gesetz   (das) Gewissen   (die) Machtergreifung
> (die) Mittel (pl)   vorschreiben   (die) Willkür

MOHR   Sie haben nicht _____ eine Bombe gegen den Führer gelegt, wie dieser Elser im Bürgerbräukeller. Sie haben zwar mit falschen Parolen, aber mit friedlichen _____ gekämpft.

SOPHIE   Warum wollen Sie uns denn dann überhaupt bestrafen?

MOHR   Weil das _____ es so _____! Ohne Gesetz keine Ordnung.

SOPHIE   Das Gesetz, auf das Sie sich berufen, hat vor der _____ 1933 noch die Freiheit des Wortes geschätzt, und heute bestraft es unter Hitler das freie Wort mit Zuchthaus oder dem Tod. Was hat das mit Ordnung zu tun?

MOHR   Woran soll man sich denn sonst halten, als an das Gesetz, egal, wer es erlässt.

SOPHIE   An Ihr _____.

MOHR   Wo kommen wir hin, wenn jeder selber bestimmt, was nach seinem Gewissen richtig oder falsch ist?

SOPHIE   Ohne Hitler und seine Partei gäbe es endlich wieder Recht und Ordnung für jeden, und den Schutz des Einzelnen vor _____.

G. Der Zweite Weltkrieg. Match the word with its definition.

1. ___ der Feldwebel
2. ___ die Kriegssonderstrafrechtsverordnung
3. ___ das Massensterben
4. ___ die Wehrkraftzersetzung
5. ___ die Wehrmacht
6. ___ der Wehrsold

a. spezielle Regel für den Krieg
b. militärischer Rang
c. offizieller Name der Nazi-Armee
d. gegen die Armee arbeiten
e. Gehalt eines Soldaten
f. viele Tote

H. Josef Goebbels. Fill in the blanks with the infinitive form of the verbs.

> ertragen   folgen   schöpfen   überwinden
> unterzuordnen   vorstellen   zufassen

Ein Volk, das die Stärke besitzt, ein solch großes Unglück zu _____ und auch zu _____, ja, daraus noch zusätzliche Kraft zu _____, ist unbesiegbar. Das Gedächtnis an die Helden von Stalingrad soll also auch heute bei meiner Rede vor Ihnen und vor dem deutschen Volke eine tiefe Verpflichtung für mich und für uns alle sein. Der Führer hat befohlen, wir werden ihm _____. Wenn wir je treu und unverbrüchlich an den Sieg geglaubt haben, dann in dieser Stunde der nationalen Besinnung und der inneren Aufrichtung. Wir sehen ihn greifbar nahe vor uns liegen; wir müssen nur _____. Wir müssen nur die Entschlusskraft aufbringen, alles andere seinem Dienst _____. Das ist das Gebot der Stunde. Und darum lautet die Parole: Nun, Volk, steh auf und Sturm brich los! Ich frage Euch: Wollt Ihr den totalen Krieg? Wollt Ihr ihn wenn nötig totaler und radikaler, als wir ihn uns heute überhaupt noch _____ können?

I. **Erstes und zweites Verhör der Sophie Scholl.** Choose the word that best fits in the dialog.

1. Sie haben gegenüber dem Hausmeister der Universität _____, dass Sie diese Flugblätter hier von der Balustrade geworfen haben.

   a. gefahren   b. abgenommen   c. zugegeben   d. gestoßen

2. Ich sehe aber ein, dass ich mit dem Hinunterstoßen der Zettel eine _____ gemacht habe.

   a. Schönheit   b. Kleinigkeit   c. Freundschaft   d. Dummheit

3. Warum nehmen Sie einen leeren _____ mit in die Universität?

   a. Auto   b. Koffer   c. Schrank   d. Mantel

4. Weil ich meine Freundin und ihr _____ Kind sehen möchte.

   a. neugeborenes   b. neugebautes   c. neugegründetes   d. neugewähltes

5. Es gibt also bei Ihnen keinen _____ für frische Wäsche?

   a. Urlaub   b. Benehmen   c. Bekannte   d. Bedarf

6. Ich hatte mich mit einer Freundin _____.

   a. gefunden   b. gesprochen   c. besucht   d. verabredet

7. Wann haben Sie in der _____ Zeit Briefmarken gekauft?

   a. letzten   b. guten   c. meisten   d. unseren

8. _____ Sie eine Schreibmaschine?

   a. Bestellen   b. Besitzen   c. Besprechen   d. Beschädigen

9. Aber Sie _____ an so eine Ordnung der Welt?

   a. glauben   b. nehmen   c. kennen   d. wissen

10. Die Fingerabdrücke auf dem Vervielfältigungsapparat _____ von Ihrem Bruder?

   a. finden   b. sollen   c. nehmen   d. stammen

J. Related Words. Based on your knowledge of related words, guess the English translation of the words in the box.

> arrest   betrayal   by chance   confession   contempt   crazy   heavenly   interrogation
> lie   occasion   origin   to prove   to satisfy   to state   supposed   use

Vocabulary Word and their Translations	Related Words	Translations of Related Words
angeben (*to report*)	angeblich	
die Aussage (*statement*)	aussagen	
die Befriedigung (*satisfaction*)	befriedigen	
der Beweis (*proof*)	beweisen	
gelegentlich (*occasional; occasionally*)	die Gelegenheit	
gestehen (*to confess*)	das Geständnis	
der Himmel (*heaven, sky*)	himmlisch	
lügen (*to lie*)	die Lüge	
nutzlos (*useless*)	der Nutzen	
stammen (*to originate*)	die Abstammung	
verachten (*to despise*)	die Verachtung	
verhaften (*to arrest*)	die Verhaftung	
verraten (*to betray*)	der Verrat	
verhören (*to interrogate*)	das Verhör	
der Wahnsinnige (*madman*)	wahnsinnig	
der Zufall (*coincidence*)	zufällig	

II. Zum Film: Freiheit und Ehre

A. Definitions. Find the appropriate word for the definitions below.

1.	___ die Macht wegnehmen	a.	(das) Blutbad
2.	___ etwas Neues beginnen	b.	(die) Freiheit
3.	___ etwas Schlechtes machen	c.	schänden
4.	___ Menschen hassen, die anders sind	d.	entmachten
5.	___ metaphorisch für viel Blut	e.	aufrichten
6.	___ Substantiv für frei	f.	wahnsinnig
7.	___ Synomym für idiotisch, verrückt	g.	(der) Rassenhass

B. Mohr and Sophie. Choose the word that fits best.

1. Warum wollen Sie uns denn dann überhaupt _____?
   a. erlauben   b. kommen   c. bestrafen   d. folgen

2. Weil das _____ es so vorschreibt!
   a. Lehrer   b. Gesetz   c. Gewissen   d. Gemüt

3. Ohne Hitler und seine _____ gäbe es endlich wieder Recht und Ordnung.
   a. Partei   b. Schule   c. Party   d. Fest

4. Sie dürfen von unserem Geld mitten im _____ studieren.
   a. Krieg   b. Universität   c. Welt   d. Deutschland

5. Ihnen geht es doch sowieso besser _____ unsereinem.
   a. wie   b. desto   c. denn   d. als

6. Und was sagen Sie, wenn der _____ errungen ist?
   a. Krieg   b. Kampf   c. Endsieg   d. Ende

7. Den Glauben daran haben in Hitlers Deutschland alle _____.
   a. verlieren   b. verloren   c. verlor   d. verlor

8. Die Kirche fordert doch auch, dass die Gläubigen ihr _____.
   a. kommen   b. helfen   c. mitmachen   d. folgen

9. In der Kirche ist jeder _____.
   a. allein   b. freiwillig   c. immer   d. nicht

10. Warum gehen Sie für falsche _____ ein derartiges Risiko ein?
    a. Ideen   b. Namen   c. Kriege   d. Soldaten

C. Sophie Scholl. Fill in the blanks with the words from the list.

> erfahren   fällen   geisteskranke   gestiegen   (der) Himmel
> kostbar   (das) Leid   (die) Pflegeanstalt   (die) Seele

Was glauben Sie, wie entsetzt ich war, als ich _____ habe, dass die Nationalsozialisten _____ Kinder mit Gas und Gift beseitigt haben! Mir haben Freundinnen unserer Mutter erzählt, wie Kinder bei den Diakonissinnen in der _____ mit
Lastwagen abgeholt wurden. Da haben die übrigen Kinder gefragt, wo die Wagen hinfahren. Sie fahren
in den _____, haben die Schwestern gesagt. Da sind dann die übrigen Kinder
singend in die Lastwagen _____. Glauben Sie, ich bin falsch erzogen, weil ich mit
diesen Menschen fühle? Ja, und deswegen weiß ich genau, dass kein Mensch, gleichgültig, unter wel-
chen Bedingungen, das Recht hat, ein Urteil zu _____, das allein Gott vorbehal-
ten ist. Niemand kann wissen, was in der _____ eines Geisteskranken vorgeht.
Niemand weiß, welches geheime innere Reifen aus _____ entstehen kann. Jedes
Leben ist _____.

GRAMMAR EXERCISES

I. ZUM FILM: SOPHIES GESCHICHTE

A. Adjective endings. Fill in the missing adjective endings

1. Sophies älter____ Bruder

2. Sophies best____ Freundin

3. ein kalt____ Bier

4. eine weiß____ Rose

5. einen gut____ Freund

6. mein gut____ Freund

7. meine best____ Freundin

8. ihr lang____ Verhör

9. die alt____ Universität

10. mit dem leer____ Koffer

11. ohne das verboten____ Flugblatt

12. kein gut____ Mann

13. die frisch____ Wäsche

14. der Brief der sogenannt____ Anti-Hitler Gruppe

15. der Prozess der jung____ Studentin

B. More adjectives. Choose the adjectives with the correct ending.

1. Sophie Scholl war ein _____ Mädchen.
    a. mutiges   b. mutige   c. mutigen   d. mutigem

2. Zusammen mit ihrem _____ Bruder hat sie Widerstand gegen die Nazis geleistet.
    a. älterer   b. ältere   c. älterem   d. älteren

3. Sophie hatte eine _____ Beziehung zu ihrer Freundin Gisela.
    a. eng   b. enger   c. enge   d. enges

4. Ihre politisch _____ Eltern waren ihr auch sehr wichtig.
    a. engagierte   b. engagierten   c. engagierter   d. engagiertes

5. Sophie und Hans wurden während einer _____ Flugblattaktion entdeckt und verhaftet.
    a. gefährlicher   b. gefährliches   c. gefährliche   d. gefährlichen

6. Nach einem _____ Prozess wurden Sophie und ihr Bruder zum Tode verurteilt.
    a. schnelle   b. schnell   c. schnellen   d. schneller

7. Über die _____ Geschichte der Geschwister Scholl lernen heute Schüler auf der ganzen Welt.
    a. tragische   b. tragischer   c. tragischem   d. tragischen

C. Antisemitische Politik. Fill in the blanks in the text below.

> antijüdische   antisemitischen   deutschen   dieser   erste
> freiwillige   großem   jüdische (2x)   meisten   nationalen   staatlichen

Die Nationalsozialisten hofften, die „Judenfrage" durch „_____" Auswanderung zu lösen. Insgesamt wurden im "Dritten Reich" etwa 2.000 _____ Gesetze oder Ergänzungsverordnungen erlassen. Die _____ Welle _____ Terrors gegen Juden begann im Frühjahr 1933. Ende März begann unter _____ Propagandaaufwand die Vorbereitung einer Boykottaktion gegen _____ Geschäfte. Die Aktion machte deutlich, dass die _____ Bevölkerung von der NS-Führung nicht als Teil des _____ Volks gesehen wurde. Die _____ der rund 525.000 Juden in Deutschland waren zu _____ Zeit der Meinung, die _____ Aktionen waren Teil der „_____ Siegeseuphorie" der Nationalsozialisten.

GRAMMAR EXERCISES

II. ZUM FILM: FREIHEIT UND EHRE

A. Passive. Insert the correct form of werden into the sentences below.

1. Die Flugblätter _____ verteilt. (Present)

2. Die Flugblätter _____ verteilt. (Past)

3. Die Flugblätter _____ verteilt _____. (Present perfect)

4. Die Flugblätter _____ verteilt _____. (Past perfect)

5. Die Flugblätter _____ verteilt _____. (Future)

6. Die Städte _____ bombardiert. (Present)

7. Die Städte _____ bombardiert. (Past)

8. Die Städte _____ bombardiert _____. (Present perfect)

9. Die Städte _____ bombardiert _____. (Past perfect)

10. Die Städte _____ bombardiert _____. (Future)

11. Sophie _____ verhört. (Present)

12. Sophie _____ verhört. (Past)

13. Sophie _____ verhört _____. (Present perfect)

14. Sophie _____ verhört _____. (Past perfect)

15. Sophie _____ verhört _____. (Future)

B. Sophie und Mohr. Insert the correct adjective or adverb in the dialog below.

> falschen   feige   freie (2x)   freien   genannten
> falsch   überhaupt   verbrecherisches   zwangsläufig

MOHR   Sie haben nicht _____ eine Bombe gelegt, wie dieser Elser im Bürger-
        bräukeller in München. Sie haben zwar mit _____ Parolen, aber mit
        _____ Mitteln gekämpft.

SOPHIE Warum wollen Sie uns denn dann _____ bestrafen?

MOHR   Weil das Gesetz es so vorschreibt! Ohne Gesetz keine Ordnung.

SOPHIE Das Gesetz, auf das Sie sich berufen, hat vor der Machtergreifung 1933 noch das
        _____ Wort geschützt, und heute bestraft es unter Hitler das
        _____ Wort mit dem Zuchthaus oder dem Tod. Was hat das mit Ordnung zu tun?

MOHR   Wo kommen wir hin, wenn jeder selber bestimmt, was nach seinem Gewissen richtig oder
        _____ ist? Selbst wenn es Verbrechern gelingen würde, den Führer zu
        stürzen, was käme denn dann? _____ ein _____
        Chaos! Die so _____ _____ Gedanken, der
        Föderalismus, die Demokratie?

C. Krieg gegen die Juden. Insert the missing dates, names, and places from the list.

> Herbst 1939   Polen   sechs Millionen   SS   Sommer 1941   den besetzten   Gebieten

1. Der Völkermord an den Juden begann mit dem deutschen Überfall auf _____
    im _____.

2. Hinter den Linien der Wehrmacht wurden polnische Zivilisten und Juden von Sondereinheiten der
    _____ ermordet.

3. Der Angriff auf die Sowjetunion im _____ wurde von der Wehrmacht als Krieg
    gegen Juden und Kommunisten konzipiert.

4. Hier wurde die jüdische Bevölkerung in Lager in _____ deportiert, wie zum Beispiel Auschwitz, in denen die meisten Juden vergast wurden.

5. Insgesamt wurden dort etwa _____ Juden getötet.

GENERAL COMPREHENSION

A. **Die Hauptfiguren.** True or False? Mark whether the statements about the characters are R (richtig) or F (falsch).

1. _____ Hans Scholl ist drei Jahre jünger als seine Schwester Sophie.

2. _____ Hans studiert Medizin in München.

3. _____ Sophie studiert nicht an der Universität.

4. _____ Christoph Probst studiert auch Medizin.

5. _____ Der Vater von Sophie und Hans war Bürgermeister.

6. _____ Die Mutter von Sophie und Hans ist 10 Jahre jünger als ihr Mann.

7. _____ Der Gestapobeamte Robert Mohr ist nicht von Sophie beeindruckt (*impressed*).

8. _____ Sophie redet nicht viel mit ihrer Zellengenossin Else Gebel.

9. _____ Hans Scholl war Soldat in Russland.

10. _____ Hans wurde nicht hingerichtet.

B. **Die letzten Tage.** Fill in the blanks with the correct words from the list.

> befragt Beweise gedruckt Gefängnis
> Gestapo hingerichtet Strafe Tode verteilen

1. Sophie hört mit ihrer Freundin Gisela im Radio Swing-Musik und geht dann zu ihren Freunden der „Weißen Rose", wo die Flugblätter _____ werden.

2. Am Morgen gehen Hans und Sophie Scholl in die Universität, um Flugblätter zu _____, doch sie werden vom Hausmeister gesehen.

3. Der Rektor _____ Sophie und Hans Scholl, die versuchen, sich rauszureden.

4. Sophie lernt Else Gebel im Gefängnis kennen und soll entlassen werden, doch es gibt neue _____ gegen sie.

5. Mohr will Sophie eine kleinere _____ geben, wenn sie die anderen Mitglieder der „Weißen Rose" verrät.

6. Else erzählt Sophie, dass Christoph Probst auch im _____ ist.

7. Bei der _____ diskutieren Sophie und Mohr über Gesetz und Gewissen.

8. Die Gerichtsverhandlung unter dem Nazi-Richter Roland Freisler beginnt, der alle drei zum _____ verurteilt.

9. Im Gefängnis trifft Sophie ihre Eltern ein letztes Mal, bevor sie _____ wird.

C. Roland Freisler. Insert the appropriate words into the slots.

1. Der „Blutrichter" Roland Freisler war seit August 1942 _____ des Volksgerichtshofs, wo er keinem Gesetz verpflichtet war, sondern nur Adolf Hitler.

   a. Präsident   b. Soldat   c. Professor   d. Anwalt

2. Der _____ war ein politisches Gericht, das nichts mit dem traditionellen Recht zu tun hatte. Die Urteile (*sentence*) waren endgültig (*final*).

   a. Volksgerichtshof   b. Versicherung   c. Universität   d. Rechtsanwalt

3. Freisler fällte (*delivered*) in seiner zweieinhalbjährigen Amtszeit 2000 _____.

   a. Todesurteile   b. Akten   c. Verhöre   d. Gerichte

4. Er starb am 3. Februar 1945 bei einem _____ in Berlin.

   a. Bombenangriff   b. Mord   c. Krieg   d. Attentat

Chapter 9

Goodbye Lenin

VOCABULARY EXERCISES

I. ZUM FILM: DIE FAMILIE KERNER

A. Abkürzungen. Match the acronoyms with their meanings below.

> DDR   BRD   SU   SED   FDJ   PGH   POS   Stasi

1. _____ Deutsche Demokratische Republik

2. _____ Sozialistische Einheitspartei Deutschlands

3. _____ Freie Deutsche Jugend

4. _____ Polytechnische Oberschule

5. _____ Sowjetunion

6. _____ Bundesrepublik Deutschland

7. _____ Ministerium für Staatssicherheit der DDR

8. _____ Produktionsgenossenschaft des Handwerks

B. Die DDR: Match the words with their German definitions.

> a. Erich Honecker   b. die Mauer   c. der Plattenbau   d. die Wende
> e. die Wiedervereinigung   f. der Genosse   g. der Pionier   h. Unsere Heimat   i. Ostalgie

1. _____ Eine Wand aus Steinen, die zwischen West und Ost Berlin aufgerichtet wurde

2. _____ Die 1990 Vereinigung zwischen West und Ost Deutschland nach 40 Jahren

3. _____ Gebäude aus Beton, die nach den Zerstörungen der Kriegsjahre gebaut wurden

4. _____ Der Name von einem bekannten Lied der FDJ

5. _____ 1976-1989 Generalsekretär der Sozialistische Einheitspartei Deutschlands

6. _____ Mitglied der Jugendgruppe Freie deutsche Jugend

7. _____ Bezeichnung für ein Mitglied der SED

8. _____ Ein politischer Wandel nach einer friedlichen Revolution im Jahre 1989, der zum Ende der DDR führte.

9. _____ Nostalgie für die ehemalige DDR

C. Alex. Fill in the blanks with the words in the box.

> Aktuellen Kamera   Aufregung   Datsche   einrichten   ersparen   Lernschwester
> Verhältnisse   verheimlicht   Westberlin   Westfirma

Nach der Wende arbeitet Alex zusammen mit Denis Domaschke für die _____ X TV. Er trifft Lara, die als _____ arbeitet, und verliebt sich in sie. Um seine Mutter jede _____ zu _____, _____ Alex und seine Schwester seiner Mutter die politische Situation in der DDR in dem sie die Wohnung wie eine DDR-Wohnung _____. Alex und Denis produzieren auch Sendungen der _____. Um die Mutter endlich über die neuen politischen _____ auf-zuklären, machen sie einen Ausflug zur Familien-_____. Auf der Datsche erzählt die Mutter von Alex und Arianes Vater und der Vergangenheit. Sie erleidet einen zweiten Infarkt muss ins Kranken-haus. Alex beschließt, seinen Vater in _____ zu suchen und bittet ihn, seine Mutter im Kran-kenhaus zu besuchen. Alex und Denis produzieren die letzte Sendung der Aktuellen Kamera für die Mutter und sie stirbt einen friedlichen Tod.

D. Christiane. Fill in the blanks with the words in the box.

> Ausreise   dekoriert   engagiert sich   entdeckt   Flucht   lebensbedrohlich
> Ostprodukten   mitbekommen   verhört   Wende

Die Stasi _____ Christiana zur Republikflucht ihres Mannes. Christiane _____ poli-tisch nachdem sie einige Wochen in der Psychiatrie verbracht hat. Sie erleidet einen Herzinfarkt und bleibt acht Monate lang im Koma. Weil jede Aufregung _____ sein könnte, verheimlicht ihr Sohn Alex die politische Situation in der DDR und _____ die Wohnung wie eine DDR-Wohnung mit verschiedenen _____. Sie hat von der _____ und der Wiedervereinigung Deutsch-lands nichts _____. Sie _____ aber ein riesiges CocaCola-Poster und sieht, wie die Lenin-Statue weggetragen wird und versteht alles, was ihr Sohn für sie gemacht hat. Auf der Familien-Datsche erzählt sie von der _____ des Vaters, die für den Sommer 1978 geplant war. Sie sollte mit den Kindern nachkommen, doch ihre Angst um ihre Kinder verhinderte die _____. Sie er-leidet einen zweiten Infarkt und muss wieder ins Krankenhaus, wo sie in Frieden stirbt.

E. Christiane und Robert. Fill in the blank with the correct infinitive.

> belügen   schaffen   bleiben   denken   melden
> schreiben   schreiben   machen   weggehen

1. Christiane wird ihre Kinder die ganze Zeit _____.

2. Robert wird nicht wegen einer anderen Frau im Westen _____.

3. Robert wird sich wieder _____.

4. Robert wird Briefe _____.

5. Die Parteileitung wird ihm die Arbeit schwer _____, wenn er zurück kommt.

6. Christiane wird es nicht _____, mit den Kindern nachzukommen.

7. Christiane wird nicht _____.

8. Christiane wird oft an ihren lieben Robert _____.

F. Schlafzimmer Kerner. Choose the word that fits best in the dialog.

1. Danke, Kinder. Das habt ihr noch _____ mir gelernt, was?
   a. für   b. bei   c. aus

2. Ja, liebe Christiane. Wir sind hier heute hier, weil du _____ hast.
   a. Geburtstag   b. Ostprodukte   c. Lernschwester

3. Und ich möchte dir im Namen der Parteileitung alles Gute _____ .
   a. erzählen   b. wünschen   c. denken

4. Das ist _____ von euch. Dankeschön, Klapprath.
   a. lieb   b. gemein   c. danke

5. Ja, die Kollegen und die Genossen (*comrades*) von der POS Werner Seelenbinder (*name of high school*), die möchten ihren besonderen _____ aussprechen.
   a. Liebe   b. Dank   c. Gute

6. ...für all die Jahre, Christiane, die du für sie eine gute _____ und liebe Genossin warst.
   a. Kollegen   b. Kollege   c. Kollegin

7. Ich wünsch dir jedenfalls alles _____ zum Geburtstag.
   a. Liebe   b. Dank   c. Gute

8. _____ wie du bist, Christiane.
   a. Bleiben Sie   b. Bleibt   c. Bleib

9. Alles erdenklich Gute und Gesundheit und dass alles wieder so _____, wie es mal war.
   a. werden   b. werdet   c. wird

10. Mein Alex kann ein ganz schöner _____ sein.
    a. Sturkopf   b. Heimat   c. Kollegin

G. Related Words. Based on your knowledge of related words, guess the English translation of the words in the box.

> the threat   to flee   to leave the country   the concealment   to excite
> the trial   to behave   the arrangement   to turn   the discovery

Vocabulary Words and Their Translations	Related Words	Translations of Related Words
die Aufregung (*excitement*)	aufregen	
die Ausreise (*departure*)	ausreisen	
die Flucht (*escape*)	fliehen	
das Verhältnis (*relationship*)	verhalten	

die Wende (*turning point*)	wenden	
einrichten (*to decorate or arrange*)	die Einrichtung	
verheimlichen (*to keep secret*)	die Verheimlichung	-
entdecken (*to discover*)	die Entdeckung	
bedrohen (*to threaten*)	die Bedrohung	
verhören (*to interrogate*)	das Verhör	

Vocabulary Exercises

II. Zum Film: Das Ende der DDR

A. Die Mutter vor ihrer Krankheit. Match the words with their German definitions.

1. _____ eine militärische Zeremonie, wo Soldaten ihre Bewaffnung und Ausrüstung präsentieren.

2. _____ ein Facharbeiter oder Techniker für Fernsehgeräte

3. _____ ein bekanntes Gebäude und Sitz der Volkskammer, des Parlaments der DDR und Kulturhaus

4. _____ ein Aktivist, der für Bürgerrechte kämpft

5. _____ jemanden verhaften

6. _____ eine Schädigung der Herzwand

a. der Bürgerrechtler
b. der Fernsehmonteur
c. festnehmen
d. der Herzinfarkt
e. die Militärparade
f. der Palast der Republik

B. Die Mutter vor ihrer Krankheit. Fill in the blanks with the correct word from the box. Conjugate the verbs when necessary.

> arbeiten   besuchen   die Demonstration   die Einladung   erleben   feiern   haben
> der Herzinfarkt   kennen lernen   das Koma   die Polizei   die Reformen

1. 1989 _____ die DDR ihren 40. Geburtstag mit einer großen Militärparade.

2. Ariane, 24, _____ inzwischen ein Kind.

3. Alex, 22, _____ als Fernsehmonteur.

4. Christiane hat eine _____ zum offiziellen Festakt im Palast der Republik.

5. Auf dem Weg dorthin gerät sie in eine _____ von Bürgerrechtlern, die Reformen verlangen.

6. Auch Alex ist unterwegs und _____ auf der Demo die junge Russin Lara _____.

7. Zufällig _____ Christiane, wie Alex von der _____ festgenommen wird.

8. Sie hat einen _____ und fällt in ein _____.

9. Alex wird am Morgen freigelassen, um seine Mutter im Krankenhaus zu _____.

C. Goodbye, Lenin und Hallo, Jähn. Fill in the blanks with words from the box.

Aufregung ausmachen D-Mark DDR-Flagge Farbfilm Ostprodukte
Sendungen Soldaten Staatspräsident Statue Zeppelin

1. Die _____ und die sowjetische Flagge hängen vor dem Balkon eines Plattenbaus.

2. Ost-Deutsche _____ kontrollieren die Grenze.

3. Alex findet keine _____ im Supermarkt.

4. Die _____ wird die neue Währung der DDR.

5. Alex _____ das Licht bei der PGH Fernsehreparatur „Adolf Hennecke" _____.

6. Der Arzt erzählt Alex und seiner Schwester, dass jedwede _____ lebensbedrohlich sein könnte.

7. Ein _____ mit einer West-Bewerbung fliegt vor dem Fernsehturm.

8. Christiane verlässt die Wohnung und sieht wie die Lenin-_____ weggetragen wird.

9. Denis und Alex produzieren _____ der „Aktuellen Kamera".

10. Sigmund Jähn grüßt das Volk als _____.

11. Nina Hagen singt das Lied „Du hast den _____ vergessen".

D. Jähn's speech. Fill in the blanks with words from the box.

abzustatten begeisterte besonnen betrachten einzumauern entschlossen erlebt
erreicht genützt gestellt merken mitmachen öffnen verloren verwirklicht

1. Liebe Bürgerinnen, liebe Bürger der Deutschen Demokratischen Republik. Wenn man einmal das Wunder _____ hat, unseren blauen Planet aus der Ferne des Kosmos zu _____, sieht man die Dinge anders.

2. Man fragt sich, was die Menschheit _____ hat, welche Ziele hat sie sich _____ und welche hat sie _____.

3. Wir wissen, dass unser Land nicht perfekt ist. Aber das, woran wir glauben, _____ immer wieder viele Menschen aus aller Welt.

4. Vielleicht haben wir unsere Ziele manchmal aus den Augen _____, doch wir haben uns _____. Sozialismus, das heißt, nicht sich _____.

5. Ich habe mich daher dazu _____, die Grenzen der DDR zu _____.

6. Schon in den ersten Stunden der Maueröffnung haben Tausende Bürger der BRD die Möglichkeit _____, der Deutschen Demokratischen Republik einen ersten Besuch _____.

7. Nicht jeder möchte bei Karrieresucht und Konsumterror _____.

8. Sie _____, dass Autos, Videorecorder und Fernseher nicht alles sind.

GRAMMAR EXERCISES

I. ZUM FILM: DIE FAMILIE KERNER

A. Tenses. Fill in the blank with the correct form of each verb.

1.	anmerken lassen	ließ	hat _____	*to show*
2.	_____	log	hat belogen	*to lie (to someone)*
3.	_____	blieb	ist geblieben	*to stay*
4.	denken	dachte	hat _____	*to think*
5.	machen	machte	hat _____	*to do*
6.	melden	_____	hat gemeldet	*to report back*
7.	_____	schaffte	hat geschafft	*to accomplish*
8.	schreiben	_____	hat geschrieben	*to write*
9.	_____	wegging	weggegangen	*to leave*
10.	wissen	_____	hat gewusst	*to know*

B. Conjugating *werden*. Fill in the blanks with the correct conjugations of *werden*.

1. Ich _____ meinen Vater besuchen.

2. Du _____ deinen Vater besuchen.

3. Sie _____ Ihren Vater besuchen.

4. Er _____ seinen Vater besuchen.

5. Sie _____ ihren Vater besuchen.

6. Wir _____ unseren Vater besuchen

7. Ihr _____ euren Vater besuchen

8. Sie _____ ihren Vater besuchen

9. Sie _____ Ihren Vater besuchen.

C. The Future Tense. Choose the correct form of the verb to form the future tense.

1. Robert wird _____.

a. ausreisen   b. reisten aus   c. ausgereist

2. Die Stasi wird Christiana zur Republikflucht ihres Mannes _____.
   a. verhören   b. hat verhört   c. verhörten

3. Christiane wird sich politisch _____, nachdem sie einige Wochen in der Psychiatrie verbringt.
   a. sich engagieren   b. engagieren   c. hat sich engagiert

4. Sie wird einen Herzinfarkt erleiden und acht Monate im Koma _____.
   a. bleiben   b. blieben   c. geblieben

5. Alex wird seiner Mutter jede Aufregung _____.
   a. ersparen   b. ersparten   c. hat erspart

6. Alex und seine Schwester werden ihre Mutter die politische Situation in der DDR _____.
   a. verheimlichten   b. verheimlichen   c. hat verheimlicht

7. Alex und seine Schwester werden die Wohnung wie eine DDR-Wohnung _____.
   a. einrichteten   b. einrichten   c. richten ein

8. Sie wird von der Wende nichts _____.
   a. bekam mit   b. mitbekommen   c. mitgekommen

9. Auf der Familien-Datsche wird sie von der Flucht des Vaters _____.
   a. erzählen   b. erzahlen   c. erzählten

10. Sie wird in Frieden _____.
    a. sterben   b. gestorben   c. stirbt

D. Genitive endings. Fill in the chart with the correct genitive endings of the definite and indefinite articles.

Masculine	Neuter	Feminine	Plural
d____	d____	d____	d____
ein____	ein____	ein____	kein____

E. Genitive endings. Complete the sentences with the correct genitive article endings.

1. Wir möchten dir im Namen d____ Parteileitung (f) alles Gute wünschen.

2. Die Stasi verhört Christiana zur Republikflucht ihr____ Mannes (m).

3. Alex und Denis produzieren Sendungen ____ Aktuellen Kamera (f).

4. Ja, ich bin nicht mitgekommen. Das war der größte Fehler mein____ Lebens (n).

5. Das Design d____ Konsumgüter (pl) spielte keine große Rolle.

6. Christiane erzählt, dass ihr Mann Robert nicht wegen ein____ anderen Frau (f) weggegangen ist.

7. Christiane erzählt von der Flucht d____ Vaters (m).

8. Der Freund d____ Schwester (f) ist Verkäufer bei Burger King.

9. 1945 war das Ende d____ Zweiten Weltkriegs (m).

10. Der Chef d____ Mutter (f) ist der Schuldirektor.

F. Directions. The genitive case is often used in the directions and questions given in the book. Look at the directions from the chapter and write either *der* or *des* in the blank.

1. Sehen Sie sich die Bilder an und raten Sie mal, was die Beziehung (*relationship*) ____ anderen Figuren (pl) zu Alex ist.

2. Sehen Sie das Bild an und schreiben Sie den Namen ____ DDR-Produkts (n) in die Liste.

3. Bringen Sie den ersten Teil ____ Geschichte (f) von Alex und seiner Familie in die richtige Reihenfolge, nachdem Sie den Beginn des Films gesehen haben.

4. Was passiert am Ende ____ Films (m)?

5. Was könnte der Kontext ____ Bilder (pl) sein?

6. Was glauben Sie, war wichtiger für die Menschen in Ostdeutschland, der Mauerfall am 9. November 1989 oder die Einführung (*introduction*) ____ D-Mark (f) am 1. Juli 1990?

7. Kennen Sie die Namen ____ beiden Politiker (pl) auf den Bildern?

8. Schreiben Sie einen Aufsatz über eines ____ Themen (pl).

GRAMMAR EXERCISES

II. ZUM FILM: DAS ENDE DER DDR

A. Tenses. Complete the chart with the correct forms of the verbs from Jähn's speech

1. _____	stattete ab	hat abgestattet	*to pay (a visit)*
2. begeistern	_____	hat begeistert	*to inspire*
3. sich besinnen	besann sich	hat sich _____	*to change your mind*
4. _____	betrachtete	hat betrachtet	*to observe*
5. _____	mauerte sich ein	hat sich eingemauert	*to wall yourself in*
6. entschließen	entschloss	hat _____	*to decide*

7.	erleben	erlebte	hat _____	*to experience*
8.	erreichen	erreichte	hat _____	*to accomplish*
9.	_____	merkte	hat gemerkt	*to notice*
10.	_____	machte mit	hat mitgemacht	*to participate*
11.	nützen	nützte	hat _____	*to use*
12.	öffnen	öffnete	hat geöffnet	*to open*
13.	sich stellen	stellte sich	hat sich _____	*to set (goals)*
14.	_____	verlor	hat verloren	*to lose*
15.	_____	verwirklichte	hat verwirklicht	*to realize (dreams)*

B. The future tense. Fill in the blank with the correct infinitive or conjugation of *werden*.

1. Das deutsche Volk wird seine Ziele _____.
   a. verwirklichen   b. verwirklichten   c. entschließen

2. Leute aus aller Welt _____ von der DDR begeistert sein.
   a. wird   b. werdet   c. werden

3. Die Bürger der DDR werden ihre Ziele nicht aus den Augen _____.
   a. verlieren   b. verloren   c. verwirklichen

4. Die Bürger der DDR werden sich _____.
   a. besonnen   b. besinnen   c. erreichen

5. Die Bürger der DDR werden sich nicht _____.
   a. einmauern   b. einzumauern   c. mauerte ein

6. Jähn _____ die Grenzen öffnen.
   a. wird   b. werden   c. werde

7. Tausende Bürger der DDR _____ die Möglichkeit nützen, der DDR einen ersten Besuch abzustatten.
   a. wirden   b. werden   c. wurden

8. Keiner wird _____ bei Karrieresucht und Konsumterror mitmachen.
   a. nützen   b. abstatten   c. mitmachen

9. Alle werden _____, dass Autos, Videorecorder und Fernseher nicht alles sind.
   a. mitmachen   b. verlieren   c. merken

C. What case is it? German cases are nominitive, accusative, dative, and genitive. Case is determined by the role the word plays in the sentence, but case can also be determined by prepositons and certain verbs. Read the following text and determine the case (nominitive, accusative, dative, and genitive) indicated by the definite and indefinite articles.

In der DDR waren Konsumgüter billig und hatten meist einen einheitlichen (uniform) Preis. Alles andere war sehr teuer. Luxusartikel oder Markenartikel aus dem Westen waren nur in speziellen Geschäften erhältlich, den Intershops. Das Design der Konsumgüter spielte keine große Rolle, die Artikel mussten praktisch sein. Nach der Wende verschwanden (disappeared) diese Produkte sehr schnell und die neuen Bundesländer wurden von westlichen Konsumgütern überschwemmt (flooded).

From the text	Case	Noun (with article) Gender
in der DDR		die DDR
einen einheitlichen Preis	accusative	
aus dem Westen	dative	
das Design		das Design
der Konsumgüter		die Konsumgüter
von westlichen Konsumgütern		die Konsumgüter

D. Dative or Genitive? Read the sentences and determine the case of the underlined words.

1. _____ Das Lied „Du hast den Farbfilm vergessen" von Nina Hagen gibt einen Eindruck von einer „ostalgischen" Situation.

2. _____ Denis und Alex produzieren eine letzte falsche Folge der „Aktuellen Kamera".

3. _____ Mutters Schlaf ignoriete, wie Helden der Arbeit arbeitslos wurden.

4. _____ Unsere Heimat ist das Gras auf der Wiese, das Korn auf dem Feld und die Vögel in der Luft und die Tiere der Erde und die Fische im Fluss sind die Heimat.

5. _____ Unsere Heimat ist das Gras auf der Wiese, das Korn auf dem Feld und die Vögel in der Luft und die Tiere der Erde und die Fische im Fluss sind die Heimat.

6. _____ Ostalgie wurde nach der Wende zunächst negativ bewertet, doch in den letzten zehn Jahren immer positiver als Teil der DDR-Nostalgie oder Ostalgie.

7. _____ Ostalgie wurde nach der Wende zunächst negativ bewertet, doch in den letzten zehn Jahren immer positiver als Teil der DDR-Nostalgie oder Ostalgie.

8. _____ Das Sandmännchen ist eine Stopp-motion-animierte Trickfilm-Puppe, das in abendlichen Kurzfilmen im Fernsehen der DDR und in der ARD gezeigt wurde.

9. _____ Alex ist unterwegs und lernt auf der Demo die junge Russin Lara kennen.

E. Gender and Case. Write the definite article (der, die, das) and case (nominitive, accusative, dative, or genitive) of each underlined noun.

1. Liebe Bürgerinnen, liebe Bürger der Deutschen Demokratischen Republik. Wenn man einmal das Wunder erlebt hat, unseren blauen Planeten aus der Ferne des Kosmos zu betrachten, sieht man die Dinge anders.

1. _____ Bürger, _____

2. _____ DDR, _____

3. _____ Wunder, _____

4. _____ Planeten, _____

5. _____ Ferne, _____

6. _____ Kosmos, _____

7. _____ Dinge, _____

2. Dort oben in den <u>Weiten</u> des <u>Weltalls</u> kommt einem das <u>Leben</u> der <u>Menschen</u> klein und unbedeutend vor.

1. _____ Weiten, _____

2. _____ Weltall, _____

3. _____ Leben, _____

4. _____ Menschen, _____

3. Man fragt sich, was die <u>Menschheit</u> erreicht hat, welche <u>Ziele</u> hat sie sich gestellt und welche hat sie verwirklicht.

1. _____ Menschheit, _____

2. _____ Ziele, _____

4. Unser <u>Land</u> hat heute Geburtstag. Aus dem <u>Kosmos</u> gesehen ist es ein sehr kleines Land und doch sind im letzten <u>Jahr</u> Tausende <u>Menschen</u> zu uns gekommen.

1. _____ Land, _____

2. _____ Kosmos, _____

3. _____ Jahr, _____

4. _____ Menschen, _____

5. <u>Menschen</u>, die wir früher als <u>Feinde</u> gesehen haben und die heute hier mit uns leben wollen. Wir wissen, dass unser Land nicht perfekt ist. Aber das, woran wir glauben, begeisterte immer wieder viele <u>Menschen</u> aus aller <u>Welt</u>.

1. _____ Menschen, _____

2. _____ Feinde, _____

3. _____ Menschen, _____

4. _____ Welt, _____

6. Vielleicht haben wir unsere <u>Ziele</u> manchmal aus den <u>Augen</u> verloren, doch wir haben uns besonnen. Sozialismus, das heißt, nicht sich einzumauern. Sozialismus, das heißt auf den anderen zuzugehen, mit dem anderen zu leben. Nicht nur von einer besseren <u>Welt</u> zu träumen, sondern sie wahr zu machen. Ich habe mich daher dazu entschlossen, die <u>Grenzen</u> der <u>DDR</u> zu öffnen.

1. _____ Ziele, _____

2. _____ Augen, _____

3. _____ Welt, _____

4. _____ Grenzen, _____

5. _____ DDR, _____

A. People. Match the names of the characters with the descriptions.

> Alexander • Christiane • Ariane • Robert • Lara • Denis • Rainer • Klapprath

1. _____ Er ist Verkäufer bei Burger King und kommt aus dem Westen.

2. _____ Sie ist Verkäuferin bei Burger King.

3. _____ Er ist der Schuldirektor und Chef der Mutter.

4. _____ Sie ist Lehrerin und erleidet einen Herzinfarkt.

5. _____ Er ist Arzt und in den Westen gegangen.

6. _____ Sie ist Krankenschwester und kommt aus der Sowjetunion.

7. _____ Er arbeitet zusammen mit Alex als Fernsehmonteur.

8. _____ Er verheimlicht seiner Mutter die Wende.

B. Chronology. Read the sentences and number them according to which one happened first.

1. ___ Im Juni 1990 wacht Christiane aus dem Koma auf, aber darf nichts von der neuen politischen Situation erfahren, da jede Aufregung lebensgefährlich ist. Deshalb kopiert Alex die alte DDR in der kleinen Wohnung. Als Christiane fernsehen möchte, produziert sein Freund Denis eine falsche Folge der ehemaligen DDR-Sendung „Aktuelle Kamera".

2. ___ Denis und Alex produzieren eine letzte falsche Folge der „Aktuellen Kamera", in der sie den DDR-Kosmonauten Sigmund Jähn zum Staatsratsvorsitzenden (*East German head of state*) machen und die DDR für Westdeutsche als das bessere Deutschland öffnen.

3. ___ Die Mauer fällt und die Mutter ist immer noch im Koma. Alex verliert seinen Job, verkauft Satellitenschüsseln und verliebt sich in die russische Krankenschwester Lara. Alex' Schwester Ariane bricht ihr Studium ab und verliebt sich in den westdeutschen Rainer.

4. ___ Nachdem Alex' Vater in den Westen gegangen ist, wird seine Mutter depressiv. Doch bald wird Christiane Kerner eine gute sozialistische Lehrerin, und soll dafür am 7. Oktober 1989 einen Preis bekommen.

5. ___ Christiane erzählt, dass ihr Mann Robert nicht wegen einer anderen Frau weggegangen ist, sondern dass sie Angst hatte, mit ihrem Mann zusammen nach Westberlin zu fliehen. Alex findet seinen Vater, der Christiane im Krankenhaus besucht.

6. ___ Auf dem Weg zu dem Fest sieht sie, wie Alex in einer Demonstration von einem Polizisten geschlagen wird. Die Mutter hat einen Herzinfarkt und fällt ins Koma.

C. Comprehension. Read the statements about the DDR and write an R (richtig) or an F (falsch) in the blanks.

1. ___ Am 9. November 1989 fällt die Mauer und die DDR öffnet ihre Grenzen.

2. ___ Am 3. Oktober 1990 wird Deutschland wiedervereinigt.

3. ___ Die „Aktuelle Kamera" war eine Stopp-motion-animierte Trickfilm-Puppe, das in abendlichen Kurzfilmen im Fernsehen der DDR und in der ARD (im Westen) gezeigt wurde.

4. ___ Sigmund Jähn war ein Kosmonaut der DDR.

5. ___ Rosenthaler Kadarka, Mocca Fix Gold und Globus grüne Erbsen sind Strassen in Ost-Berlin.

6. ___ Das Sandmännchen ist ein Lied der Freien Deutschen Jugend.

7. ___ Der Palast der Republik ist ein Gebäude.

8. ___ „Unsere Heimat" ist das DDR Nachrichtenprogramm, das jeden Abend von 19:30 bis 20:00 Uhr ausgestrahlt wurde.

9. ___ Popstar Nina Hagen hat das Lied „Du hast den Farbfilm vergessen" geschrieben.

D. Comprehension. Read the statements about the plot and write an R (richtig) or an F (falsch) in the blanks.

1. ___ Nach der Wende arbeitet Alex zusammen mit Denis für die Westfirma X TV.

2. ___ Christiane erlitt einen Herzinfarkt, blieb acht Monate im Koma, und machte bei der friedlichen Revolution mit.

3. ___ Alex und Ariane verheimlichten ihrer Mutter die politische Situation in der DDR und richteten die Wohnung wie eine DDR Wohnung ein.

4. ___ Alex und Denis produzieren Sendungen der „Aktuellen Kamera."

5. ___ Alex verliebt sich in eine Genossin, deren Vater Volkspolizist ist.

6. ___ Christiane verlässt die Wohnung und sieht, wie die Lenin-Statue weggetragen wurde.

7. ___ Die Familie macht einen Ausflug zur Nordsee, wo Christiane erzählt, dass sie auch damals mit ihrem Mann ausreisen wollte.

8. ___ Alex besucht seinen Vater.

9. ___ Der Vater schrieb Briefe, aber die Mutter versteckte die Briefe.

10. ___ Der Vater besucht Christiane im Krankenhaus und sie heiraten wieder.

Chapter 10

Die fetten Jahre sind vorbei

VOCABULARY EXERCISES

I. ZUM FILM: REVOLUTIONÄRE ZELLEN

A. Politische Ausdrücke. Match the word or acronym with its description.

1.	___ Ausbeutung		a.	Erderwärmung
2.	___ Gleichberechtigung		b.	Atomkraftwerk
3.	___ Klimawandel		c.	Wohngemeinschaft
4.	___ Neonazis		d.	Männer und Frauen sind rechtlich gleich
5.	___ Umweltverschmutzung		e.	Sozialistischer Deutscher Studentenbund
6.	___ SDS		f.	Fernseher
7.	___ Glotze		g.	Anarchisten
8.	___ Schwarze Front		h.	die Natur verschmutzen
9.	___ WG		i.	zuviel Arbeit von jemandem verlangen
10.	___ AKW		j.	Nazis heute

B. Jule. Insert the appropriate word into the blank. Conjugate any verbs if necessary.

> (der) Abtransport   (die) Ausbeutung   binnen   (die) Fußgängerzone
> (die) Mietschulden   (der) Polizeieinsatz   verhindern   vorschlagen   (die) WG

In einer _____ in Berlin beendet ein gewalttätiger _____ eine Demonstration junger Leute gegen die _____ in so genannten Sweatshops. Jule kann den _____ einiger ihrer Mitstreitenden nicht _____. Sie kommt nach Hause und erfährt, dass sie wegen _____ _____ zwei Wochen ihre Wohnung räumen muss. Ihr Freund Peter _____ _____, dass sie zu ihm und seinem Mitbewohner Jan in die _____ zieht. Dann verreist Peter für ein paar Tage.

C. Jan. Insert the appropriate word into the blank. Conjugate any verbs if necessary.

> aussichtslos (das) Bekennerschreiben eigenbrötlerische einbrechen
> (der) Erziehungsberechtigte funken (die) Reichen verraten verrücken (die) Verunsicherung

Der _____ Jan hilft Jule beim Renovieren und zwischen den beiden _____
es. Als Jule ihren Job als Kellnerin in einem Nobelrestaurant verliert und ihre Situation als
_____ empfindet, _____ ihr Jan, dass er und Peter als
„_____" nachts in Villen _____. Dort richten sie ein „kreatives Chaos"
an: Sie _____ Gegenstände und Möbel, lassen jedoch nichts mitgehen. Ihr Ziel ist die
_____ der _____ in ihren privaten „Hochsicherheitszonen" und ihr
_____ droht: „Die fetten Jahre sind vorbei."

D. Revolutionen. Insert the appropriate word into the blank.

1. Ich finde es super, dass du dich für den Typen _____ hast.

   a. gesetzt   b. gesprochen   c. eingesetzt   d. verlebt

2. Einerseits rennst du auf Demos, wo es gegen _____ geht, und anderseits bist du die Leibeigene von so einem reichen Wichser.

   a. Deutschland   b. Frauen   c. Politik   d. Unterdrückung

3. Früher brauchtest du nur zu kiffen und lange Haare zu haben und das _____ war automatisch gegen dich.

   a. Politik   b. Establishment   c. Eltern   d. Menschen

4. Deswegen gibt es überhaupt gar keine _____ mehr. Weil alle haben das Gefühl, das war doch schon mal da. Das haben vor uns andere versucht, es hat alles nicht funktioniert, und warum sollte es plötzlich bei uns klappen?

   a. Geld   b. Schule   c. Jugendbewegung   d. Interesse

5. Klar, es hat im Einzelnen nicht funktioniert aber du siehst doch, dass die besten Ideen _____ haben.

   a. überlebt   b. gelebt   c. leben   d. überleben

6. Das Problem ist einfach, dass ich nirgendwo etwas sehen kann, woran ich wirklich glaube. Hast du irgend eine Idee, was man _____ tun kann?

   a. dagegen   b. dafür   c. darüber   d. damit

E. 1968. Insert the appropriate word into the blank.

1. Ich finde es nicht richtig, was ihr macht und wie ihr es macht, aber eure Argumente, die _____ schon sehr an damals.

   a. erinnern   b. denken   c. machen   d. hören

2. 1968 war eine wilde Zeit. Ich sah ein bisschen anders aus. Ich hatte so Lockenkopf, abgewetzte Lederjacke, Schlaghosen, immer so eine Mütze – ein richtiger _____.

   a. Mensch   b. Freund   c. Polizist   d. Revoluzzer

3. Na ja. Da war schon was los. Eine Zeit lang war ich sogar im Vorstand vom _____. Rudi Dutschke war ein guter Freund von mir.

   a. WG   b. AKW   c. SDS   d. Neonazi

4. Vor dreißig Jahren, da hätten wir vielleicht auch gerne mal einen _____ in der Mangel gehabt und jetzt sitze ich selber hier. Das ist ein bisschen komisch.

    a. Lehrer   b. Bonzen   c. Arbeiter   d. Verkäufer

5. Ich will mich hier nicht einschleimen. Und ich finde es nicht richtig, was ihr mit mir macht. Aber euer _____ ... vor dem habe ich Respekt.

    a. Geld   b. Auto   c. Idealismus   d. Religion

F. **Related words.** Based on your knowledge of related words, guess the English translation of the words in the box.

> action betrayal burglary destruction to exploit guilty kidnapping love
> to move occupation property to resist suggestion; idea to work

Vocabulary Words and Their Translations	Related Words	Translations of Related Words
die Ausbeutung (*exploitation*)	ausbeuten	
die Bewegung (*movement*)	sich bewegen	
die Schuld (*debt; fault*)	schuldig	
die Wirkung (*effect*)	wirken	
der Widerstand (*resistance*)	widerstehen	
besetzen (*to occupy*)	die Besetzung	
besitzen (*to own*)	der Besitz	
einbrechen (*to break into*)	der Einbruch	
entführen (*to kidnap*)	die Entführung	
handeln (*to act; take action*)	die Handlung	
(sich) verlieben (*to fall in love*)	die Liebe	
verraten (*to betray or tell a secret*)	der Verrat	
vorschlagen (*to suggest*)	der Vorschlag	
zerstören (*to destroy*)	die Zerstörung	

II. ZUM FILM: JEDES HERZ IST EINE REVOLUTIONÄRE ZELLE

A. Jule und Jan 1. Insert the appropriate word into the blank.

> (die) Autobahn   (die) Gerechtigkeit   (der) Lebensstil   (die) Miete
> (das) Recht   (der) Scheißmercedes   (die) Schuld   (der) Stau

JULE   Vor einem Jahr auf der _____. Ich in meinem alten Golf. Vor mir ein Top-Manager in seinem
S-Class Mercedes. _____. Er bremst. Ich nicht. Und seine Karre totaler Schaden. Ich hatte kein
TÜV mehr und ich hatte drei Monate lang meine _____ nicht bezahlt. Und dieser
_____ hat 100.000 Euro gekostet. Aber jetzt sind es nur 94.500. Es war meine _____
und er ist im _____.

JAN   Recht! Was ist das für eine _____? Ich meine, du bezahlst für den _____ von einem
Typen, der pervers ist. Eine Karre für 100.000 Euro?

B. Jule und Jan 2. Insert the appropriate word into the blank.

> (die) Arbeit   (der) Bulle   (die) Ehrlichkeit   (die) Moral
> (die) Steuer   (der) Supermarkt   unmoralisch   (das) Unrecht

JULE   Ich habe Scheiße gebaut, jetzt muss ich dafür gerade stehen.

JAN   Aber wer sagt denn das? Die _____? Die Staatsanwälte? Die Bildzeitung? Diese
kleinbürgerliche Scheißmoral! Anstand. _____. Familiensinn. Du musst pünktlich
zur _____ gehen. Du musst deine _____ bezahlen. Du darfst im
_____ nichts klauen. Das kriegen wir reingewürgt den ganzen Tag. Zuerst in der
Schule und dann in der Glotze. Und wozu? Damit Typen wie der sich perverse Autos kaufen
können. Ich finde so eine _____ scheußlich. Einer jungen Frau das Leben kaputt
zu machen, das ist _____. Aber glaubst du, der Typ hat sich ein einziges Mal gefragt,
ob er vielleicht im _____ ist?

C. Jule und Jan 3. Insert the appropriate word into the blank.

> (der) Gerichtsvollzieher   handeln   (die) Lebenszeit
> (die) Lehrerin   (die) Rate   (das) Recht   (der) Verbündete

JULE   Ja, du hast doch _____. Weißt du, was ich da mache? Ich habe ein paar Monate keine
_____ bezahlt. Stand sofort der _____ vor der Tür.

JAN   Der erste Schritt ist, du musst das Unrecht erkennen. Das zweite ist, du musst _____.

JULE   Und wie? Den Ersten musst du alleine machen. Für den zweiten brauchst du _____.

JULE   Und wo finde ich die?

JAN   Wenn du mit eins fertig bist, kannst du ja mich fragen.

JULE   Ich habe mal ausgerechnet, wie viel meiner _____ eigentlich an diesem Arschloch
vergeht nur zum Spaß - circa acht Jahre, aber nur wenn ich rechtzeitig _____ werde.

I. ZUM FILM: REVOLUTIONÄRE ZELLEN

A. Verb tables. Insert the two missing forms of the verbs into the table.

Infinitive	Past Tense	Subjunctive II
		brächte
denken		
		flöge
	ging	
haben		
kommen		
	schlug	
	war	
		spräche
		würde
wissen		

B. Using subjunctives. Supply the correct subjunctive form of the verbs in parentheses.

1. Er _____ so gerne wieder jung. (sein)

2. Sie _____ so gerne keine Schulden. (haben)

3. Sie _____ gerne mit ihm heute Abend aus, aber sie muss arbeiten. (gehen)

4. Er wünschte sich, dass die Welt schön für alle Menschen _____. (sein)

5. Ich _____ so gerne mit dir auf die Demo, aber ich habe keine Zeit! (gehen)

C. Being polite. Insert the subjunctive form of the verb in parentheses and then add the subject in order to express the following commands in a polite form. Pay attention to whether the verb is singular/plural or formal/informal!

Example: Finde mein Handy. **Könntest du** mein Handy finden? (können)

1. Verrückt die Gegenstände und Möbel nicht. (werden)
_____ _____ bitte die Gegenstände und Möbel nicht verrücken?

2. Protestiere nicht. (werden)
_____ _____ bitte nicht protestieren ?

3. Seht nicht so viel fern. (können)
_____ _____ bitte nicht so viel fernsehen?

4. Tu etwas dagegen. (können)
_____ _____ etwas dagegen tun?

5. Räumt die Villen nicht aus. (werden)
_____ _____ bitte die Villen nicht ausräumen?

6. Erzählen Sie uns Ihre Geschichte. (können)
_____ _____ Ihre Geschichte erzählen?

D. **Subjunctive past tense.** Supply the past tense subjunctive form of *haben* or *sein* to complete these statements.

1. Peter möchte nicht mehr in Villen einbrechen. Wenn er nur nicht in die Villen eingebrochen _____!

2. Jule wollte an der Demonstration teilnehmen. Wenn sie nur an der Demonstration teilgenommen _____!

3. Hardenberg sollte nicht nach Hause kommen. Wenn er nur nicht nach Hause gekommen _____!

4. Peter und Jan hinterlassen die Botschaft „Die fetten Jahre sind vorbei". Sie _____ eine andere Botschaft hinterlassen sollen!

5. Die Reichen haben zuviel Geld. Wenn sie nur nicht so viel Geld _____!

6. Jules Auto war nicht versichert. Sie _____ ihr Auto versichern sollen!

7. Die meisten Leute haben keine revolutionären Gedanken. Wenn sie nur revolutionäre Gedanken _____!

8. Leider ist das Rebellieren schwieriger geworden. Wenn es nur nicht schwieriger geworden _____!

9. Jule sollte keinen Unfall haben. Sie _____ besser aufpassen sollen!

10. Jule verliert ihr Handy. Sie _____ ihr Handy nicht verlieren sollen!

E. **More money.** What would the characters in the film do if they had more money? Complete each sentence by using the answer given with the correct subjunctive conjugation of *werden*.

   Example: *eine Reise machen*   Peter **würde eine Reise machen**.

1. *weniger arbeiten*
   Jule _____.

2. *eine teure Armbanduhr kaufen*
   Peter _____.

3. *jeden Tag demonstrieren*
   Jule _____.

4. *nach Spanien reisen*
   Jan, Jule und Peter _____.

5. *mehr Eis essen*
   Peter und Jule _____.

6. *in eine neue Wohnung einziehen*
   Jan, Jule und Peter _____.

7. *ein neues Auto kaufen*
   Jule _____.

8. *ein Flugzeug kaufen*
   Hardenberg _____.

9. *ihre Schulden zurückbezahlen*
   Jule _____.

10. *mehr gegen Ausbeutung unternehmen*
    Jan, Jule und Peter _____.

II. ZUM FILM: JEDES HERZ IST EINE REVOLUTIONÄRE ZELLE

A. More verb tables. Insert the missing forms of the verbs into the table.

Infinitive	Present Tense	Subjunctive I
arbeiten		arbeite
brechen	bricht	
bringen	bringt	
	denkt	denke
fliegen		fliege
führen		führe
gehen		gehe
	hilft	helfe
kaufen	kauft	
kommen	kommt	
schlagen		schlage
	spricht	spreche
wissen	weiß	
wünschen		wünsche
haben		habe
sein		sei
dürfen	darf	
können	kann	
	mag	möge
müssen		müsse
wollen	will	
sollen		solle

B. Hardenberg's story. Put the following statements into subjunctive I using the verbs in parentheses.

Example: Er sagt, 1968 **sei** eine wilde Zeit gewesen. (sein)

1. Er sagt, er _____ es nicht richtig, was sie machen und wie sie es machen. (finden)

2. Er sagt, er _____ ein bisschen anders ausgesehen. (haben)

3. Er _____ einen Lockenkopf, eine abgewetzte Lederjacke und Schlaghosen gehabt. (haben)

4. Er sagt, er _____ eine Zeit sogar im Vorstand vom SDS gewesen. (sein)

5. Er sagt, Rudi Dutschke _____ ein guter Freund von ihm gewesen. (sein)

6. Er sagt, er _____ sich hier nicht einschleimen. (wollen)

7. Er _____ es nicht richtig, was sie mit ihm machen. (finden)

8. Er sagt, er _____ Respekt vor ihrem Idealismus. (haben)

9. Hardenberg sagt, er _____ ein typischer 68er gewesen. (sein)

10. Er sagt, er _____ die alte Zeit. (vermissen)

A. Chronology. Number the following statement according to the order in which they occur in the film (1-10).

___ Jan und Peter brechen in Villen ein und verrücken die Möbel. Sie hinterlassen die Botschaft „Die fetten Jahre sind vorbei" oder „Sie haben zu viel Geld" und unterzeichnen (*sign*) mit der Signatur „Die Erziehungsberechtigten".

___ Jule vergisst ihr Handy. Sie und Jan müssen zurückgehen. Sie werden von Hardenberg erwischt, schlagen ihn nieder, rufen Peter an, und entscheiden sich spontan, Hardenberg zu entführen.

___ Die drei bringen Hardenberg nach Hause, wo er ihnen verspricht, dass sie sich keine Sorgen um die Polizei machen müssen, und dass Jule das Geld nicht zurückbezahlen muss.

___ Peter geht auf Geschäftsreise in Portugal. Jule kann nicht mitkommen. Sie muss aus ihrer Wohnung ausziehen, weil sie die Miete nicht bezahlt hat. Jetzt muss sie ihre Wohnung renovieren, bevor sie mit Jan und Peter in ihre Wohngemeinschaft einzieht.

___ Jule, Jan und Peter wachen in Spanien auf. Der Kampf geht weiter.

___ Peters Freundin Jule schuldet dem Besitzer eines Mercedes-Benz fast 10.000 Euro, weil sie mit ihrem nicht versicherten Auto einen Unfall verursacht hat. Sie arbeitet in einem Restaurant und demonstriert gegen Sweatshops.

___ Sie führen Hardenberg in eine Hütte, wo sie lernen, dass er an der Studentenbewegung 1968 teilgenommen hat und in einer Kommune gewohnt hat. Peter lernt, dass Jan und Jule eine Beziehung haben.

___ Jan hilft Jule die Wohnung zu renovieren, während Peter auf Geschäftsreise ist. Sie verlieben sich in einander.

___ Jule denkt, dass Jan und Peter abends plakatieren, aber Jan zeigt ihr, wie sie abends Villen ausspähen und was sie tun.

___ Hardenberg, der Mann, dem Jule das Geld schuldet, wohnt in der Nähe. Jule überredet Jan spontan einzubrechen. Sie brechen in die Villa ein, verrücken die Möbel und amüsieren sich.

B. Comprehension. Read the following statements and decide which are R (richtig) or F (falsch).

1. ___ Die 1968er haben für den Nationalsozialismus demonstriert.

2. ___ Hardenberg ist ein deutscher Industrieller.

3. ___ Der Vietnamkrieg war ein heißes politisches Thema in Deutschland.

4. ___ Kapitalismus ist dasselbe wie Sozialismus.

5. ___ Rudi Dutschke war ein Freund von Hardenberg.

6. ___ Die Rote Armee Fraktion war eine terroristische Organisation.

7. ___ Ein Revoluzzer ist dasselbe wie ein Revolutionär.

8. ___ Die Deutschen lieben den Nationalsozialismus noch immer.

9. ___ Die Grüne Partei ist sehr populär in Deutschland.

10. ___ Die 1968er-Bewegung war nicht nur eine politische Bewegung.